# 그래 다시! 김상민

김상민 자서전

효산

## 서문

# 봄을 준비하는 겨울에

새봄을 기다리는 겨울입니다.

이제 과거를 묻는 사람에서 미래를 설계하고 만들어 내는 사람의 길로 가고자 합니다. 그동안 많은 분들을 만났습니다. '사람이 가면 길이 생긴다.'라는 화두를 안고 살아온 저에게 그렇게 만난 많은 분들이, 당신의 생각과 가치를 세상에 널리 알렸으면 좋겠다는 권유가 있었습니다.

감명깊게 본 연극 〈히스토리 보이즈〉에서 린톳 선생님은 학생인 럿지에게 이렇게 묻습니다.
"자, 역사를 어떻게 정의할 수 있을까요? 럿지 군?"
럿지는 이렇게 답합니다.
"저한테…… 역사를 정의하라고 하신다면…. 빌어먹을 일이 하나 일어난 다음, 또 빌어먹을 일이 이어지는 그런 빌어먹을 일의 연속이지요"

저는 웃어넘기기에는 개운치 않은 이 질문과 대답을 통해서 '역사'에 대해, 특히 우리 한국 사회와 역사에 대해 많은 생각과 고민을 하게 되었습니다.

역사란 과연 그런 것일까요? 짧지 않은 시간 검찰에 있으면서 저는 역사란 바통을 이어받는 것이 아닌가? 라는 질문을 스스로에게 던졌고, 또한 역사란 우연과 필연의 선택적 과정 속에서 한 걸음이라도 더 나은 사회로 나아가기 위한 도전이 아닐까? 라는 막연한 대답을 정립해 왔습니다.

저는 교사이신 아버지와 헌신적인 어머니 사이에서 태어나 별 어려움 없이 학업에 전념할 수 있었습니다. 반듯하게 자랐다는 말을 가장 많이 들었습니다. 학창 시절과 사회생활을 하며, 늘 리더의 자리에서, 수많은 갈등과 대립을 '진정성'이 담긴 대화로 해결하며, 지금 이 자리까지 왔습니다.

검사로서 주어진 일을 처리하며, 수많은 억울함과 두려움들을 맞이하기도 했지만, 제 나름대로 '정직한 정의'라는 기준을 세우고 불의와 협박에 타협하지 않고 검찰의 역할을 통해서 사회가 조금만 더 나아졌으면 좋겠다는 일념으로 생활해 왔습니다.

이제 검찰이라는 조직과 검사라는 직에서 벗어나 인간 김상민으로서 많은 분들과 동행하며 함께 꿈을 꾸기 위해 바깥 세상에 나가고자 합니다.

이 책을 통한 저의 출사표는 우연한 계기가 아닙니다. 오래전부터 '뼛속 깊이 새긴 미래 사회'가 제 머릿속을 떠나지 않았습니다. 지방이 지방으로 남아있는 게 아니라 또 다른 '중앙'으로 창조되는 진지한 꿈과 새로운 구상들을 정리해 왔습니다.

젊은이들이 떠나고 인구가 소멸되는 지방이 아니라, 사람이 돌아오고 함께 하는 지방을 함께 건설하는 것이 저 김상민의 소명입니다.
예전의 영화를 잃고 점점 희미해져 가는 창원을 대한민국의 국민들과 세계의 젊은이들이 찾는 도시로 새롭게 디자인 하겠습니다.

먼저 손 내밀어 주시고 함께해 주신 모든 분들께 고개 숙여 감사드리며, 이 지역엔 김상민이 꼭 필요하다고 힘을 보태 주시고 격려해 주시는 모든 분들과 함께 끝까지 나란히 걷겠습니다.

2024. 1. 1.

새해 첫 일출을 기다리면서
김상민 쓰다.

차례

● 서문　　005

## 1부　두메산골 시골촌놈

1. 미약하지만 따뜻한 시작　　019
2. 아버지와 목욕탕　　023
3. 천재 아니면 바보　　028
4. 아버지, 나의 고향 창원　　032
5. 경남이라는 운동장을 넓게 쓴 멀티플레이어　　037
6. 시골촌놈 공부에 눈뜨다　　042
7. 선생님들의 또 다른 가르침　　048
8. 내 유쾌한 옆길들, 친구는 전국구　　053

## 2부　도전, 좌절, 다시 도전

1. 7년의 내기 - 떠오르는 해를 보며　　063
2. 거기, 있어서 늘 가는 산　　067
3. 검사의 역할, 부검, 검시　　073
3-1. 낙조, 그 찬란했던 아름다움
　　〈통영 산행기〉 2009년 가을. 서울법대 산악부 한오름의 9월 통영 산행기 중 일부 발췌　　076
4. 만남, 그리고 가족　　079
5. 아버지와 "즐거웠던" 이곳에서　　089
6. 친구　　094
7. 나의 이력은 수구초심(首丘初心), 각득기소(各得其所)　　101
8. 그곳의 사람들　　112

## 3부 타인의 죄를 묻는 자리에서 장자에게 위로 받다

1. 초임 검사 시절 - 서류의 세계를 열정과 호기로 넘나들다 … 121
2. 포항에서 만난 이상한 형제 … 127
3. 자백 - 게임이론, 죄수의 딜레마를 이용한 수사기법 … 135
4. 무고 - 검사되기 잘했어요 … 143
5. 새크라멘토 검찰청 수습기 … 150
6. 검찰 사법제도에 대한 단상들 … 163
7. 상선약수(上善若水) - 의성지청장 … 174
8. 의성의 마늘 도둑은 무조건 구속 … 180
9. 20년 후의 만남 - 동창회 … 185
10. 검사 발(發) 뉴스에 대한 유감 … 191
11. 지하경제 양성화, 불법 도박자금은 어디에? … 197
12. 고향이 나를 부르는 방식 - 좋아하는 음식 이야기 … 201
13. 야누스의 세계에서 카오스의 세계로 … 209

## 4부 따뜻한 연대와 가능한 미래

1. 다시 고향에서 아버지를 발견하다 … 221
2. 고향에서 꿈꾸는 미래를 위한 연대 … 225

## 5부 창원을 디자인하다!

1. 공간의 연결 - 개발제한구역은 전면적 폐지, 도심의 길들은 연결하여 혈맥을 잇자 … 235
2. 사람의 연결 - 도시 재능 플랫폼 구축 … 244
3. '지방시대' 4가지 특구 - 창원시의 먹거리 확보 … 249
4. 건강한 공동체 - 초고령사회 지원 시스템 선제적 마련 … 252

● 취임사 … 256
● 연보 … 261

# 1부

## 두메산골
## 시골촌놈

# 1.
## 미약하지만 따뜻한 시작

나는 어머니의 뱃속에서 열 달을 채우지 못하고 여덟 달 만에 팔삭둥이로 태어났다.

너무 작게 서둘러 세상에 나온 탓에 이불에 덮인 나를 두고 사람들은 차마 말을 건네지 못하고 구경만 하면서 고개를 저었다고 한다.

태어날 때 몸무게가 1.2kg 정도였는데, 너무 작아서 어머니께서는 포대기 속에서 내가 어딨는지 몰라 걱정스러운 마음에 한참을 찾곤 했다고 한다. 1978년 겨울의 일이다.

경상남도에서도 가장 첩첩산중인 곳, 우순경 사건으로 기네스북에 오를 정도로 큰 사건이 터지는 바람에 비로소 자동차가 다니는 도로가 개설되었다는 곳, 경남 의령군 유곡면 송산리가 내가 태어난 곳이다. 면역력을 갖추지 못한 상태로 워낙 약하게 태어나다 보니 갓난아기에게 종종 찾아오는 황달을 이겨내지 못했고, 생명이 위독한 상태가 되었다고 한다. 어머니는 어린 나를 안고 창원으로 급히 오셨는데, 모든 병원이 도저히 안되겠다며 거절했다고 한다. 결국 유일하게 한 대 남은 인큐베이터가 있는 부산의 아동병원에 겨우 입원할 수 있었다.

그렇게 몇 달 동안 인큐베이터에서 지냈는데, 퇴원 무렵에는 몰라보게 커져서는
"뭘 먹었길래 이래 잘 컸노? 모유 먹고 뺑튀기가 되었네"하고, 또 나를 보러 온 이웃 친척들을 놀라게 했다고 한다.
비록 인생의 첫 시작은 작고 약했지만, 삶에의 의지는 무척이나 강했는지, 인큐베이터에 들어갈 때면 그곳이 좁다고 우렁차게 울어대고 두 다리로 세상을 향해 힘차게 둘러찼다는 말을 어린 시절 내내 덤으로 들으며 자랐다.
지금 생각하면 이 평범하지 않은 탄생과 죽음이 교차하던 과정이 내 생존본능의 욕구를 자극한 것이 아닌가라는 생각을 한다. 그래선지 나는 지금도 매사에 적극적이고 항상 하고 싶은 것이 많다. 무엇을 하든지 간에 열정적으로 하여야 한다는 생각을 하면서 뭔가를 열정적으로 이루어냈을 때 살아 있음을 느끼게 된다.

이때의 조마조마했던 경험 때문인지 부모님께서는 그 당시 들었던 '작게 낳아서 크게 키우면 된다'는 말이 한동안 트라우마였다고 하셨다. 비록 빠르게 성장하기는 했지만, 첫 돌 무렵까지는 다른 아이들에 비해 덩치도 작은 편이었다.
세상에 데뷔하는 과정이 쉽지 않았던 탓인지, 부모님의 나에 대한 관심과 애정은 남다른 데가 있었다.
내 바로 밑은 여동생인데, 어린 시절을 돌이켜 보면, 일반적인 가정의 아들 딸과는 다르게 아들인 내가 더 큰 사랑과 관심을 받으며 자란 것 같은 기

억이 들 때가 많다. 어머니는 지금도 그때 이야기를 하실 때면 어린 나이에 어머니라는 큰 역할을 맞아서 처음 겪었던 서러움과 아들이 잘 자라주었다는 안도감에 눈물을 보이시곤 한다.

  창원시 내동에서 태어나서 자란 아버지는 초등학교 교사로서 첫 부임지인 의령군 유곡면 송산국민학교에서 어머니를 만나 결혼을 하셨고, 관사에서 신혼생활을 하시면서 나를 낳으셨다. 그러니 의령 송산리는 내 외가이다.
  다섯 살까지 나는 활달한 개구쟁이였다고 한다. 당시 외가인 의령 송산에는 어머니의 형제인 아홉 남매와 사촌 형과 누나들이 모두 모여 살았으니, 그야말로 대가족이었다. 무척 다사롭고 번잡한 가족이었으며, 웃음이 떠나지를 않았다고 한다. 사촌형들의 입장에서는 국민학교 총각 선생님에서 갑자기 막내 고모의 신랑이 되어버린 고모부와 막내 고모의 아들인 내가 신기하고 귀여울 수밖에 없었을 것 같다. 그래서 어디든 항시 데리고 다녔으며, 사촌형과 누나들의 관심과 사랑을 독차지하고 자랄 수 있었다.
  대부분 아련한 기억이지만, 예닐곱 살 때 지워지지 않는 기억이 있다. 마을 어귀를 한참 돌아 강물이 거대한 소를 이루는 곳에 아버지와 사촌 형들을 따라 낚시를 간 적이 있었다. 그런데 아버지가 낚싯대를 응시하는 사이, 내가 서 있던 곳의 모래가 무너지면서 물속에 갑자기 미끄러져 빨려 들어갔던 적이 있다. 잔잔해 보이던 물 속은 깊고 어두웠다. 사력을 다해서 팔, 다리를 휘저어 물 위로 올라오면 다시 꼬르륵 내려가는 것을 반복하기를 세 네 번! 아, 이제는 포기해야겠다는 생각이 드는 순간, 사람의 다리가 쑥 들어오는 것이 아닌가, 뒤늦게 그 상황을 알게 된 사촌형이 다리를 뻗은 것이었다. 생명의 동아줄이 아닌 생명의 다리였다. 어린 나이임에도 아찔했던 기억이다. 그렇게 빠져나와 울고 있는 내가 울음을 그치자 아버지의 제자였던 동네 형이 우는 모습을 또 보고 싶다고 나를 안고 그곳에 다시 들어가서 똑같은 악몽을 선사해주기도 하였다.

막내 동생에게 늘 많이 가르쳐 주고, 늘 함께 데리고 다니던 시절이었다. 사촌 형 중 한 명은 어려서 손에 힘도 없는 나를 자전거 뒤에 태우고 돌아다니다 그대로 길거리에 떨어뜨린 적도 있다고 한다. 울고 있는 나에게 고모에게는 절대 말하면 안된다고 신신당부를 하던 기억이 난다. 사고도 많았지만, 늘 즐겁게 웃으면서 하루하루를 보내던 시절이었다.

이 유쾌하고 짓궂은 사촌형들과 동네 형들은 내가 그곳을 떠난 이후로도 방학 때나 놀러 갈 때면 늘 나와 함께 산과 들을 쏘다니며 자연과 사람의 추억을 알게 해 주었다.

작고 약한 팔삭둥이로 태어나 세상에 데뷔하는 것이 쉽지는 않았지만, 그렇게 세상으로 나와서 알게 된 감정과 느낌들은 따뜻함과 든든함이었던 것 같다. 사람이란 같이 서는 것이라는 말처럼 나는 사람들의 신뢰를 바탕으로 한 따뜻한 연대가 우리를 보전하고 지탱하는 힘이라고 믿고 있다. 목숨이 위태로웠던 팔삭둥이가 세상에 대한 믿음에 기인한 낙천적이고 활달한 사람으로 자라게 된 데에는 이처럼 내 세상의 전부였던 고향의 따뜻한 사람들과 그들이 나에게 준 정이 바탕이 되었다고 생각한다.

## 2.
## 아버지와 목욕탕

　산골초등학교에서 선생님으로서 근무를 시작하신 아버지는 천성적으로 아이들을 좋아하셨다. 동네 아이들과 같이 마주칠 때도, 동네 축구를 하며 놀아주실 때도 늘 웃음 띤 얼굴로 흔쾌히 아이들을 대하셨다. 아버지는 나의 다정한 친구이자 스승이었다. 친구같이 편하고 따뜻하신 아버지가 초등학교 선생님으로서 물어보는 것도 다 알려주는 척척박사라는 것이 스스로 자랑스러워 어깨가 으쓱할 때가 많았다.

　나는 아버지와의 추억도 많다.
　집에서 혼자 있을 때면, 학교 운동장으로 나를 불러 내어 서로 맞은 편 축구 골대에 가서 서도록 한 다음에 공을 차서 골대에 들어가는 횟수를 세는 내기를 하기도 하였고, 오염이 심해 붉은 빛을 띠었던 마산 앞바다를 배를 타고 가로질러 귀산 앞바다에서 낚시를 하기도 하였다. 고기를 한 마리도 낚지 못하고 하루 종일 굶은 날 빵과 우유를 사주시면서 어머니로부터 들을 잔소리를 사전에 무마하시던 기억도, 주남저수지에 텐트를 치고 1박 2일로 낚시를 갔다가 밤새 내린 폭우로 텐트 안에 물이 차올라 허겁지겁 탈출했던 기억도 아직 생생하다. 아버지와 함께 공기총을 들고 꿩 사냥을 다니기도, 토끼 덫을 만들어 산에 설치하고 혹시 잡힌 토끼가 없나 하고 찾으러 다니기도 하였다. 사량도에 있을 때는 아버지는 '풍란'에 빠져서 늘 난을 찾으러 산을 다니셨는데, 겹겹이 둘러쌓인 산과 끝없이 뻗어 있는 바다는 늘 내게 호기심과 모험의 보물창고였다.

아버지는 피아노를 치면서 노래도 잘하셔서 가끔씩 집에서 부르시는 노래도 들을 수 있었다. 글씨도 잘 쓰셨는데, 첫 부임지에서 비뚤비뚤 엉망인 마을회관의 현판, 마을 어귀의 표지판도 일일이 본인이 다 수정하셨다고 한다. 어린 시절에 외가에 가면 아버지가 쓰셨던 글귀들을 곳곳에서 확인할 수 있었다. 아버지는 여러 방면에 다재다능하신 예인(藝人)이셨고, 늘 아버지가 잘 알고 익숙한 세상으로 나를 이끌어주려고 노력하셨다. 덕분에 나는 아버지를 통해 여러 분야의 취미를 골고루 일찍 접했고 축구나 던지기 등 스포츠에도 꽤 능한 편이다.

마산중학교 재학 시절에 체육 선생님이 축구선수 출신이셨다. 공을 열심히 차는 나를 유심히 보시던 선생님께서는 나에게 정식으로 축구부 입단테스트를 한번 받아볼 생각이 있냐고 묻기도 하셨다. 지금으로 보면 엄청나게 영광스러운 제안인데, 당시 호기가 넘치던 나는, '선생님, 제가 학교 성적이 조금만 나빴어도 테스트를 한번 받아볼텐데, 저도 아쉽습니다'라며 완전 재수 없는 답을 한 기억이 있다. 지금도 그때 만약 축구선수로서 테스트를 보고, 재능을 인정받았으면 어땠을까 라는 생각을 한다. 한번 더 인생의 기회가 주어진다면, 정말 열정적으로 헌신하고 심장이 터지도록 뛰는 박지성과 같은 축구선수가 되었으면 좋겠다는 생각을 가끔씩 한다.

아버지는 어린 나를 끼고 다니다시피 하셨는데, 여러 곳의 시골 초등학교를 전전하는 통에 혹시라도 친구나 인간관계에서 잘 적응하지는 못할까, 남들이 다하는 놀이나 문화에 뒤처지지나 않을까 하는 걱정 때문이 아니었을까 짐작도 해본다. 하지만 돌이켜 생각해 보면 전혀 그럴 필요가 없었다. 나는 밖으로 나가 친구들과 형들과 뛰어놀고 운동하며 노는 걸 너무나 좋아했고 늘 주위에는 나를 따르는 친구들로 둘러싸여 있었다. 어머니, 아버지는 내가 해가 다 지도록, 운동화가 다 떨어지도록, 거의 지쳐 쓰러지기 일보 직전까지 바깥을 돌아다녀도 마음에 두셨을법한 공부하라는 소리는 하지 않으셨다.

아버지와의 많은 추억 중에서 특히 잊혀지지 않는 추억이 있다. 나는 아들과 함께 하지 못하여 늘 미안하기도 하고 서운하기도 한 추억이다. 그것은 아버지랑 일요일 저녁마다 동네 목욕탕을 가는 것이었다.

창원은 한때 전국에서 가장 목욕탕이 많은 도시였고 목욕탕은 사람들로 늘 붐볐다. 아버지와 나는 월영초등학교 인근 동네목욕탕에 항상 정해진 시간에 방문했다. 목욕을 다녀와서 저녁식사를 하고, 가족들과 모두 모여서 문화방송의 '일요일 일요일밤에'를 시청을 하였으니 목욕탕을 가는 것은 새로운 한 주 시작을 알리는 의식과도 같은 것이었다.

아버지와 가는 목욕탕은 한 주를 뒤돌아보고 또 한 주를 시작하는 성찰과 회고의 시간이었다. 사우나에 들어가서 아버지와 누가 오래 머무는지를 내심 경쟁하면서 요즘 학교는 어떤지, 친구는 누가 있는지 묻는 대화들은 그

것 자체가 교감이고 사랑이었다. 몸을 어느 정도 씻고 난 다음에 서로 등을 밀어주는 것은 세상의 단 한 사람과 나누는 유일한 애정표현이었던 것 같다. 늘 꼼꼼하게 나의 등을 밀어주시고, 비누칠까지 끝내 주시는 아버지를 보면서 가정이라는 울타리 안에 단단히 고정되어 있음을 느끼곤 했다. 아마 지금 아버지가 살아계시다면 아들이 등을 밀어주던 그 순간이 가장 소중한 삶의 한 순간이었다고 답을 하실 것 같다.

나 또한 아들을 키우지만, 어린 시절 몸을 씻겨주기는 했어도 아버지와 나처럼 아들의 등을 밀어줄 기회는 없다. 요즘은 동네목욕탕에 가기보다 집에서 간단하게 샤워하는 시절이고 가끔 찜질방에 놀러 가면 아들을 챙기지만 일주일에 한 번 아버지와 아들 둘만이 가지는 친밀한 시간은 이어지지 않고 있다.

매주 일요일이면 같이 목욕하고 서로 등을 밀어주던 그때가 아버지에 대한 따뜻한 정을 느낄 수 있는 특별한 시간이었음에도, 그것이 아래로 이어지지 못하고 있는 것이 무척 아쉽기는 하다. 아버지가 살아계시다면 삼대가 같이 그러한 멋진 광경을 연출할 수 있지 않았을까?

아버지는 목욕탕에서의 대화와 교감을 통해 나의 생각이나 느낌을 읽으시고, 진로나 꿈에 대해 한 번쯤 뒤돌아보고 생각할 수 있게 해주셨다. 삶의 단계 단계마다 스스로 작은 목표를 정하고 성취를 이룸으로써 힘을 얻고, 앞으로 나아가는 법을 자연스럽게 알게 해 주셨던 듯하다.

아버지와 나에게 목욕탕은 접속코드였다. 말이 필요하지 않는 스승과 제자의 염화미소의 시간이었다. 그러니 지금의 아들에게 그러한 역할을 못하는 아비라는 생각에 늘 미안하고 아쉽다. 바쁜 일상이라는 핑계로 정작 중요한 것들을 놓치고 있는 것은 아닌지, 일상을 천천히 관조하고, 하나씩 하나씩 성찰하고 조금씩 조금씩 나아가는 법을 가르쳐주지 못하고 있는 것은 아닐까?

## 3.
## 천재 아니면 바보

내 이름 석 자는 아버지의 작품이다.

목화토금수 오행의 순서대로 대를 이어서 이름을 짓다 보면 항렬에 따른 집안의 돌림자가 있기 마련이라, 이름 석 자 중에서 선택할 수 있는 글자가 한 글자로 제한되는 경우가 많다.

우리 집안의 나를 비롯한 사촌들의 돌림자는 나무 목 변이었고, 사촌형제들이 주로 이름에 차용한 한 자는 서로 상(相)이었다. 아버지는 상민(相玟)이라 짓고 나서 걱정이 되셨는지 전문가(?)의 조언을 받기 위해서 사주, 철학을 전문으로 하시는 동네 작명소에까지 방문을 하셨다고 한다. 그랬더니 작명소 어르신 왈(曰), '상민'이란 이름은 이름이 가지는 기운이 너무 강해서 '천재 아니면 바보'가 될 수 있으니 그렇게 위험 부담이 큰 이름보다는 '상태'라는 이름으로 짓는 것이 어떠냐고 역제안을 했단다.

부모님도 미래의 아들이 '상태'라는 이름을 내켜하지 않을지를 아셨는지, 당신의 아들이 바보보다는 천재가 될 가능성이 높다고 보셨는지, 여하튼 낙천적인 믿음과 함께 이름을 지금의 상민으로 지으셨다. 덕분에 나는 상민이가 되었다.

  그런데 이름에 대한 이러한 사연을 알고 있는 내 친구들은 아무래도 아직도 바보가 될 위험이 완전히 제거되지 않았다고 보는 것인지 나를 '상태'라고 부르곤 한다.

  가장 완벽한 논리가라고 평가받는 소크라테스도 자신이 모르는 것을 정확히 아는 것을 최고의 덕목이라면서 '너 자신을 알라'고 일갈한 것을 보면 누구에게 천재라는 말을 쉽게 할 수 있는 말은 아닌 듯하다. 하지만 주변을 살펴보면 천재인 사람들이 분명히 있다.

  내가 생각하는 천재들은 먼저 무엇보다 머릿속에서 정리를 잘해서 하나 하나 순서를 대면서 말하는 사람들이다. 남들은 일일이 손으로 써 가면서 목차를 매겨서 겨우 말할 수 있는 시간에 머리 속으로 인풋이 되는 동시에 입으로 아웃풋이 되는 사람들이다. 다음으로 어떤 사건이나 현상을 남들과는 전혀 다른 시선이나 관점에서 분석하고 평가하는 사람들이다. 어떤 하나의 실마리를 보고, 그 실마리를 따라가면 엄청나게 거대한 맘모스가 있을 것이라고 미리 평가하는 사람들이다. 중국 베이징에서의 나비의 날개짓이 뉴욕에서 태풍이 될 수 있다는 나비효과를 수시로 예측하는 능력을 갖춘 사람들이다. 평소 면밀한 관찰과 관조를 통해서 미래를 예측하는 포춘텔러(fortune-teller)들이다. 마지막으로 예술의 분야일 수도 있지만, 일상의 분야에서도 적용될 수 있는데 도화지에 누구나 감탄할만한 스케치를 만들어 가는 사람들이다. 지도자나 리더들 중에서 이러한 역할을 완벽히 해내는 사람들을 보면 그저 감탄만 나올 뿐이다. 어떻게 사건을 해결해 나가야 할지 모르는 막막한 상황에서 사건의 방향을 설정하고 자신의 디자인대로 멋지게 사건을 규정해내는 검찰의 리더들 중에서도 이러한 분들이 꽤 있다.

　공부는 나름 잘한다고 했지만 나는 천재이기보다는 항상 노력하는 사람이었다. 특히 내가 모르는 일에 대해서는 누구보다 바보일지도 모른다는 생각을 늘 가슴에 두고 지내왔다. 자신이 어떤 분야에서 바보임을 아는 바보는 최소한 위험하지는 않다고 생각한다. 내가 모르는 부분에서 겸손하게 그 사실을 인정하고, 듣고 배우며 되새기는 노력을 하는 사람이라는 평가를 받았으면 좋겠다. "조금 더 잘 이해하고 알기 위해 노력하는"이라는 말이 늘 붙어 있는 사람, 알고자 하는 의지, 행동하고자 하는 의지, 실천하고자 하는 의지가 큰 사람, 그러한 부분이 앞으로 나의 자산이 되었으면 하는 바람이다.

　어떤 부분에서는 노력조차도 하지 않고 그냥 큰 바보로 남고 싶은 부분도 있다. 특히, 뭔가를 나눠서 부담해야 되는 계산의 영역에서는 두고 두고 사람들이 나를 바보라고 생각했으면 좋겠다는 생각을 한다. 특히 대의를 위한 작은 희생, 더 큰 번영을 위한 일시적 수고를 겪을 때는 그것 자체를 기쁨으로 생각할 수 있는 아량이 있으면 좋겠다.
　그래서 나는 내 이름 속에 있는 천재와 바보, 어느 하나 보다는 둘 다를 포함하고 있는 나를 본다. 내 이름 속에서 무엇을 하든 성의를 다해 열심히, 더욱더 큰 가치를 지향하라는 의미가 담겨 있다고 생각한다.

　여담으로 아버지는 본인에게 처음으로 할아버지의 지위를 부여해준 내 아들의 이름도 지으셨다. 오행의 순서에 따라 내가 목이라는 변을 썼으니 아들의 경우에는 목의 다음 오행인 불 화(火) 변을 사용하면 되는데, 아들 대에서 주로 쓴 한 자는 환(煥)이었다. 아버지가 나에게만 밝힌 비하인드 스토리기는 하지만, 우리 김씨 집안의 장손인 사촌형의 아들이 재환(宰煥)이었는데, 재상보다 높은 글자를 찾다가 임금 요(堯)자를 찾아서 요환이라는 이름을 지어주셨다. 빛날 환(煥)을 써서 요환이라 지으셨다.

  항상 응원하고 이끌어주기만 할 뿐, 강요하거나 지적함이 없었던 아버지의 교육철학이었지만, 이런 비하인드 스토리를 보고 있으면 승부욕의 DNA도 아버지에게서 물려받은 것이 아닌가라는 생각을 하게 된다. 어린 시절, 친구와 축구 승부차기를 하다가 승부가 나지 않았음에도 친구가 시간이 늦었다는 이유로 집에 들어가 버리자 화를 못 참고 친구 집을 향해서 돌을 던져버렸던 일화나 중학교 시절 꼭 전교 1등을 하겠다는 목표로 열심히 했음에도 연속해서 전교 2등으로 성적이 발표되자 어머니에게 전화를 걸어 엉엉 울었던 일화들은 목불인견이 아닌 이불인청(耳不忍聽)의 장면들이긴 하지만 어찌되었든 나의 승부욕을 보여주는 일화들이다.

  아버지가 이름을 지으면서 고민했던 것처럼 내가 나아가야 할 삶의 방향도 고민해 본다. 다른 사람의 애환과 어려움은 누구보다 빨리 알아차리고 비전을 미리 그려내는 천재로서의 삶, 남들과 함께 가기 위해 어깨를 낮추거나 속도를 늦춰야 될 때는 바보같이 다 당해내면서 같이 울고 웃는 따뜻함이 있는 삶, 우리 지역, 나아가서 우리 대한민국을 위해서라면 악착같이 하나라도 더 가져오는 승부욕의 DNA가 발동되는 그러한 삶, 이런 것들이 상황에 따라 조화롭게 어우러져서 지역 사람들이 김상민이라면 응당 그렇게 행동했으려니라고 안심하는 그러한 삶이 되기를 기원해 본다.

## 4.
## 아버지, 나의 고향 창원

　창원은 고조할아버지 때부터 토박이로 살았던 곳이다. 아버지도 창원시 내동이라는 곳에서 태어나서 어린 시절을 창원에서 지내시다가 고등학교를 다닐 때 마산으로 전학을 오셨다. 창원 곳곳이 아버지의 추억이 서려 있었던 곳이다. 명절이면 아버지와 함께 할아버지와 증조 할아버지의 산소를 찾아서 성묘를 다녔고, 기제사를 지낼 때는 고조할아버지의 묘소에 가서 참배를 하면서 예전 시절에는 어떻게 지내셨다는 말씀을 참 많이 듣기도 했다.

　할아버지는 일제 강점기 당시 일본에 돈 벌러 가셔서 열심히 일을 하셨다고 한다. 일본 사람들의 핍박을 받으면서 어렵게 번 돈을 거의 쓰지 않고 한국으로 차곡차곡 송금하셨고, 할머니도 그 돈을 허투루 안 쓰시고 아껴 6남매를 키우셨다고 한다. 그리고 한참 창원이 개발되던 시절 마산 산호동으로 집을 지어서 이주하게 된다. 그래서 어렸을 때 할머니 집은 산호동에 지은 주택이었다. 할머니가 돌아가시고 지금은 그 집이 없어졌지만 최근까지도 할머니집을 방문하기도 했다.

 드라마 파친코에서는 일본으로 건너가서 각종 핍박과 서러움을 받으면서 열심히 살아내야했던 한국인들의 삶이 그려진다. 파친코를 감동적으로 본 나는 지난 달 일본의 오사카를 방문한 김에 이쿠노 코리아타운을 방문해 보았다. 마침 딸이 그곳에서 파는 호떡을 먹겠다고 조르는 바람에 발길을 서두르게 되었다. 그런데 막상 방문한 일본 코리아타운은 그야말로 너무나 초라하고 침침했다. 반가운 한국 음식점과 한국 음식들이 있기는 하였지만 화려한 오사카에 비해서 코리아타운 내부는 방문하는 것이 민망할 정도로 초라함 그 자체였다. 할아버지 등 우리의 선조들이 100여년 전 이것보다 훨씬 열악했던 환경에서 돈을 벌어서 자식들을 잘 키워내 보겠다고 뼈에 사무치게 노동을 했을 것을 생각하니 가슴이 먹먹해졌다.

 초등학교 선생님이셨던 아버지는 시골의 벽지학교에 근무를 하게 되면, 승진에 가산점이 생겨서 우리 가족을 이끌고 경남 일대의 벽지학교를 다니셨다. 그렇게 창원을 잠시 떠나게 되었고, 덩달아 내 초등학교 유랑생활이 시작되었다. 나도 검사가 된 이후에 전국의 검찰청을 돌아다닌 것을 보면 사주의 역마살은 어린 시절부터 강하게 작동되었던 것 같다.

 의령 송산에서 마산으로 온 이후 당시 입학한 학교는 마산의 합포초등학교였다. 그곳의 병설유치원 1년을 포함해서 3학년까지 학교를 다녔다. 열심히 다니던 그 시절, 초등학교 3학년 때 담임선생님께서 어머니에게 했던 말씀을 아직도 어머니는 잊지 않고 계신다.
 학급대표를 맡는 것이 어떠냐는 담임선생님의 제안에 어머니는 곧 아버지를 따라서 전학을 가야될 상황이라서 학년을 다 채우지 못한다고 하셨는데도 선생님은 잠시라도 좋다며 내게 반장을 시키셨단다. 그러면서 선생님은 "내가 상민이를 발견했다"라고 말씀하시며, 상민이는 눈빛이 살아 있어서 앞으로 크게 될 아이라고 어머니께 여러 번 말씀하셨다고 한다. 게다가 선생님은 자신의 교직 경험에 비추어 나와 같은 아이들은 무엇이든 곧잘 하지만, 동시에 싫증을 잘 느끼고, 워낙 친구들과 놀기를 좋아하여, 나중에 공부를 등한시할 수 있으니, 앞으로 특별히 관심을 두고 잘 이끌어야 할 아이라고 하셨다고 한다.

어머니는 선생님의 말씀을 잊지 않고 마음속 깊이 간직하고 있으셨지만, 그렇다고 맨날 산으로 바다로 놀러 다니는 아들을 어떻게 막을 수도 없었다고 한다. 일찌감치 나는 공부를 시킨다고 그것을 그대로 할 아이는 아니었다는 것을 진작에 알고 계셨다고 한다.

한번은 사량도에서 너무 노는 아들이 도시에 있는 아이들보다 뒤처지면 어떻게 하냐는 걱정에 주산 학원에 등록을 시켰다고 한다. 곧이어 학원 선생님께서는 학원을 잘 나오지 않는데 등록을 계속 할 것이냐고 물으셨고, 어머니는 학원비는 낼 테니, 학원에 안 가더라도 그냥 내버려두고 아무런 타박을 하지 말라고 부탁하셨다고 한다. 어린 시절에 뭐가 그렇게 호기심이 많고 놀 것이 많았는지 늘 놀기에 바빠서 비싼 돈을 내고 등록한 학원에 다니는 둥 마는 둥 했다.

이러한 한량 스타일은 그 시기 중하디 중한 고등학교 시절에도 어김없이 발휘되었다. 대학 진학을 앞 둔 중요한 고등학교 시절에도 아무리 봐도 그

어머니와 나

렇게 열심히 공부하는 것 같지는 않아서 국영수를 모두 가르치는 종합학원을 보냈는데 그때도 나는 학원 수업은 듣는 둥 마는 둥 했다. 학원에 열심히 나가지도 않는데도 왜 계속 등록을 하는지 궁금했었는데 나중에 들은 얘기지만, 학원의 원장님이 그냥 놓치기 싫은 학생이라면서 상민이가 학원에 다니는 것만 해도 학원 홍보에 도움이 되니 학원비는 내지 말고 언제든 학원에 오라고 했다고 한다.

## 5.
## 경남이라는 운동장을 넓게 쓴 멀티플레이어

　나는 소년 시절 아버지의 부임지를 따라 경남 구석구석을 일, 이년 단위로 떠돌아다녔다. 의령에서 태어나 창원으로, 창원에서 통영 산양면으로, 산양면에서 사량도로, 사량도에서 다시 창원으로 오는 식이었다. 요즘 같으면 잦은 이사로 친구를 제대로 못 사귀고 따돌림을 당할 수도 있었지만, 부모님의 믿음과 사랑, 시골 사람들의 관대함이 있었기에 낯선 환경에서도 당당함과 따뜻한 인간관계를 잃지 않을 수 있었다. 그래서 나는 외롭고 낯선 환경에서도 절대 기죽지 않았고, 친구를 만나고 새로운 경험을 하는데 거침이 없었다. 친구들과는 항상 잘 어울렸고 친구들의 리더로서 역할을 하는 것을 마다하지 않았다. 어렸을 때부터 받았던 사랑과 관심, 새로운 곳에서 만나서 사귀게 된 친구들의 믿음과 신뢰, 낙관적이고 쾌활한 성격까지 이 모든 것들이 든든한 울타리가 되어 주었다.

　아련한 기억이 나는 1985년, 나는 마산 합포초등학교에 입학하여 나름 도시의 소년으로 커 나가다가 10살 무렵, 통영 산양면 영운초등학교라는 곳으로 전학을 가게 되었다. 학년당 학급수도 한 개 밖에 되지 않았던 시골 마을이었다. 우리 반은 총 40명 정도가 있었는데 남자 학생 수가 13명인 반면, 여학생의 숫자는 27명이나 되었다. 남학생들이 적어 인기가 많을 수도 있겠다고 생각한다면 오산이다. 우리 남자들은 숫자에 밀려 항상 뒷전이었다. 학급의 반장은 항상 여학생들이 미는 여학생이 반장을 하였고, 부반장인 남학생도 여자 친구들한테 잘 보여야만 가능할 정도였다. 남학생들이 여학생들이 노는 곳에서 짓궂은 장난을 치거나 여학생을 때리기라도 하는 날에는 무자비한 보복이 기다리고 있었다.

그 시절, 이적의 노래 '달팽이'처럼 언젠가 먼 훗날에 저 넓은 바다를 가겠다는 생각을 한 적은 없었지만, 그럼에도 통영의 바다는 내가 처음 만난 제대로 된 바다였다. 어린 내가 보기에도 마산 앞바다와는 차원이 다른 그 무엇이 느껴졌다. 청정해역이라는 말이 무슨 말인지 설명이 필요 없을 정도로 바다는 깨끗하고 푸르렀으며, 수평선 너머 뭐가 있을지 설레게 만드는 그 무엇이 있었다. 그리고 한 폭의 풍경화같이 자리 잡은 섬과 바다들은 바다 위도 국립공원이 될 수 있다는 자연스러운 지식을 알려 주었다. 동양의 나폴리 통영에서 배를 타고 바다 수영을 하며 아름다운 추억을 만들 준비를 하고 있었다.

썰물이 되면 물이 빠진 뻘밭을 뛰어다녔고 스티로폼 부표를 이어 붙여 뗏목을 만들어 무인도에까지 다니며 즐기던 시절, 평소 평온하고 자애롭기만 하던 바다가 그 무서움을 제대로 보여준 때가 있었다. 1987년 7월에 온 태풍 셀마다.

지금처럼 기상정보가 제대로 제공되지 않던 시절, 유난히 바람이 많이 부는구나 하고 가족들 모두 평온하게 잠들었는데, 아침에 일어나서 문을 연 순간 아연실색하지 않을 수 없었다. 문을 여니, 방문 바로 앞에까지 바닷물이 가득차 있고, 각종 가재도구와 신발 등이 우리 앞에 둥둥 떠 있는 것 아닌가. 바닷쪽에 있던 관사 담벼락은 완전히 무너져 내렸고 바다와 집 사이에 있던 모든 시설들이 완전히 사라지고 없었던 것이다. 만약 조금만 더 바닷물이 밀려 올라왔다면 가족 4명이 모두 익사하는 참사가 날 수도 있을 정도의 상황이었다. 그것도 모르고 태연히 잠을 자고 일어난 상황이 다행스럽기도 하고 아찔하기도 했다.

1987년도의 태풍 셀마는 통영뿐만 아니라 전국적으로도 피해가 가장 컸던 태풍 중의 하나였다. 개구쟁이 시절의 멋모르고 즐겁기만 하던 추억 속에서도 태풍 셀마와 영운리의 그 장면들이 유달리 강렬한 기억으로 남아 있는 것을 보면 그 기억들이 자연에 상당한 경외심을 가지게 된 계기가 된 듯하다. 평소 그저 놀고 안겨도 받아주기만 하던 바다가 이렇게 무서운 면을 가지고 있구나 하는 생각이 계속 떠나지 않았던 기억이 생생하다.

그렇게 1년을 살다가 사량도라는 곳으로 전학을 가게 되었다. 이삿짐을 배에 싣던 기억이 생생하다. 영운초등학교는 많지는 않지만, 시외버스가 다니던 곳이었기 때문에 배를 타고 살러 가는 느낌은 굉장히 생소했다. 초등학교 시절, 특히 사량도에서 보냈던 시절은 그 어느 시절보다 기억나는 것들이 많다.

나는 처음 만나게 된 섬마을 친구들과 해가 질 때까지 온 동네를 쏠고 다녔고, 그곳의 모든 신기한 것들을 스펀지처럼 빨아들일 수 있었다. 지금도 그 시절 빨아들인 소재들을 사람들에게 자랑스럽게 소환할 때도 많다. 예를 들면, 산딸기를 딸 때는 나무 위에서 산딸기를 지켜보던 독사가 머리 위로 떨어지는 경우도 있으니 조심하라거나 개불을 잡을 때는 어깨까지 올라오는 장화 옷을 입고 들어가 긴 갈고리로 땅을 슥슥 문질러 그 갈고리에 개불을 채 올려서 잡는다는 식으로 보통의 사람들은 알기 어려운 정보로 너스레를 떨기도 한다.

통영과 사량도에서 바다를 알게 된 나는 지금도 바다를 아주 좋아한다. 어마어마한 바다를 보고 있으면 어머니의 품과 같이 힐링이 되는 느낌을 자주 받는다. 갇혀 있던 호수의 잉어가 바다를 만나서 장자의 소요유에 나오는 큰 물고기 곤이 되는 느낌이랄까?

이 시절 아버지를 따라서 낚시를 다니면서 낚시 도구를 혼자 꾸릴 정도로 낚시에 진심이었다. 낚시를 하는 것을 좋아하고, 특히 바다낚시에 큰 매력을 느꼈다. 아버지와 함께 묵묵히 입질이 오기를 기다리면서 그냥 함께 하는 그 시간이 그렇게 편하고 좋았다. 낚시도 목욕탕과 함께 아버지와 함께 하는 접속코드였다.

내가 유일하게 아들이랑 함께 했던 취미는 낚시라고 할 수 있는데 아들도 낚시를 아주 좋아한다. 제주에서 아들이랑 같이 낚시를 하면서 아버지가 계셨으면 손자랑 낚시를 하면서 얼마나 많은 이야기를 해 주실까 하는 아쉬운 생각을 많이 한다.

어머니는 지금도 사량도에서의 생활이 여러 가지 면에서 풍요롭고 즐거웠다고 기억하신다. 매화꽃, 무궁화 등 각종 꽃나무며, 호박이랑 상추가 잘 자라던 텃밭, 게다가 갯벌 밭을 얻어서 바지락이며 조개를 캐러 다니던 그때 그 시절이 그렇게 즐겁고 행복했던 시절이라며 다시 한번 그 시절로 가보고 싶다고 회상하신다. 학교를 마치면 집이 아닌 바다로 달려가던 시절, 군것질 거리가 없어 굴, 조개, 해삼을 캐서 아이들이랑 나눠 갖던 그 시절이 지금은 꿈만 같기만 하다.

얼마 전 사량도에서의 친구들을 만났다. 당시 우리를 지도해 주시던 김OO, 강OO 선생님을 2022년 5월 15일에 만나서 간단히 식사를 하면서 스승의 날을 축하하였다. 30년이 훌쩍 지나서 만난 우리였지만, 그 때의 추억들로 우리는 서로 헤어지는 방법을 몰랐다. 다들 아이의 엄마, 아빠가 되어 있었지만, 많이 장난치고 많이 놀았던 그 어린 시절 이야기로 밤이 깊어지는지도 모르고 이야기 꽃을 피웠다.

바다와 친구들, 그리고 낚시하시던 아버지를 따라다니던 기억들로 지금도 그때를 떠올리면 가슴이 따뜻해진다.

# 6.
## 시골촌놈 공부에 눈뜨다

산으로 들로 바다로 돌아다니던 내가 중학교로 진학할 때가 다가오자, 부모님의 고민도 깊어져갔다. 중학교로 진학해야 하는데, 야생의 상태에서 방치 가까운 수준으로 놀기 바빴기 때문에, 도시 아이들의 학업을 따라갈 수 있을지 부모님의 걱정이 이만저만이 아니었다. 그래서 부모님과 먼저 헤어져서 할머니댁에 유학 아닌 유학을 가게 된다. 가족들보다 6개월 먼저 창원의 월영초등학교로 전학을 오게 되었다. 6학년 2학기 때 일이다.

당시 마산에는 월영초등학교와 성호초등학교가 역사가 깊은 곳으로 많은 사람들이 가고 싶어했다. 성호초등학교는 100년이 넘는 명문 학교이고, 월영초등학교는 당시 부자들이 자녀를 많이 보내는 학교로 소문이 나 있었다.

나는 마산 산호동의 할머니 댁에서 버스를 타고 통학을 하며 학교를 다녔다. 할머니 집은 1970년대 지어진 오래된 단독주택이었는데 할아버지가 직접 설계도 하시고, 시멘트도 아주 튼튼하게 반죽하여 지은 덕분에 아주 견고

한 건물이었다. 담장을 따라 장미꽃이 피고, 마당 앞에서는 대추나무가 열리는 곳이었다. 할머니는 손자들 중에서도 나를 아주 특별히 좋아하셨고, 마산에서 학교를 다니는 동안, 어머니 이상으로 더 나를 챙기고 뒷바라지를 하셨다. 월영초등학교를 다니다가 부모님과 할머니가 모두 바라시던 마산중학교로 배정이 되었는데, 그 때 할머니는 매일 아침 '마중학생'이라고 부르면서 나를 깨우시곤 하셨다. 그만큼 할머니도 학업과 손자에 대한 기대가 컸던 분이었다.

월영초등학교에 온 이후, 첫 시험을 쳤는데 반에서 1등을 했었던 것으로 기억한다. 시골에서 놀기만 하다가 도시의 아이들한테 학업이 크게 뒤처지지 않을까 부모님은 걱정이 많으셨는데, 다행히 좋은 성적이 나오는 것을 보고 어머니도 크게 안심하게 되었다.

그리고 이 일은 내가 처음으로 학업에 진지하게 관심을 가지게 된 계기가 되었다. 월영초등학교의 친구들은 다들 영어와 수학을 미리 선행학습을 하고 있었고, 나는 읽지도 못하는 영어 단어를 읽거나 쓰는 모습이 너무도 신기하였고 한편으로는 그러지 못하는 내 자신이 부끄럽게 생각되었다. 그랬던 친구들과 똑같이 경쟁한 시험에서 그 친구들보다 나쁘지 않은 성적을 거두니 나도 충분히 할 수 있다는 자신감이 생겼고, 이 친구들보다 더 공부를 잘하고 말겠다는 욕심이 생겼다.

물론 내 성적을 본 학교 선생님이나 친구들도 깜짝 놀랐다고 한다. 완전 시골 촌놈처럼 새까맣게 탄 채 축구공을 쫓아다니던 내가 성적도 뛰어났기 때문이었다. 사실 나도 내가 어느 정도인지는 모르고 있었으니 충분히 그럴 만 하였다.

월영초등학교 이후, 중학교 고등학교를 같이 다닌 친구 이OO은 이때 나의 인상에 대해 이렇게 회상하고 있다.

"상민이가 6학년 때 마산 월영초등학교로 전학을 왔어요. 전학 온 첫날 통영 어디 섬에서 전학 왔다는데, 첫눈에도 완전 시골 촌놈이었어요. 바짝 마른 데다 얼마나 놀고 다녔는지 새까맣게 그을려 있었죠. 처음에는 낯설어선지 가만히 있더니 하루 이틀 지나서는 축구를 너무 잘해서 친구들 사이에서 금방 큰 인기를 얻었죠. 특히 패스가 너무 정확해서 축구를 하면서 깜짝 놀라 감탄할 정도였죠"

"여러모로 놀라운 친구였어요. 처음 시골에서 전학을 왔을 때는 운동도 잘하고 성격도 밝아서 놀기 좋아하는 시골 촌놈인가보다, 하고 생각했죠. 그런데, 나중에 시험을 쳐보니, 공부도 잘하는 거였어요. 알면 알수록 정말 재미있는 친구구나, 그냥 보통의 공부 잘하는 아이는 아니었어요. 소위 말하는 얌전한 모범생은 아니었죠. 특히 6학년 담임선생님은 수업 시간에 발표를 많이 시키셨는데, 상민이는 발표도 잘했어요. 게다가 유머도 넘쳤죠. 그런데, 또 엄청난 장난꾸러기였지요. 한번은 자율학습 시간에 상민이가 가져온 귤을 친구들과 나눠 먹는 게임을 하다가 선생님에게 걸려서 단체로 나가서 매타작을 받기도 하였지요."

나는 승부욕도 강하고 지고는 못 참는 성격이었다.
저녁이 다 되도록 친구와 축구 승부차기를 하다가 친구가 도중에 그냥 가버린 적이 있었는데 분을 참지 못하고 그 친구네 집에 돌을 던져 유리를 깨트린 적이 있었다. 어머니는 유리값을 변상해 주면서 아들 성격을 걱정하셨다는 얘기를 지금도 하신다.

동네에 운동도 잘하고 달리기가 엄청 빨라 내가 좋아하는 형이 있었는데 축구를 하다가 넘어져서 팔을 다쳐 깁스를 하고 왔다. 나는 그때 깁스라는 것을 처음 봤는데, 로봇처럼 어색하게 팔을 움직이는 그 모습이 그렇게 웃겨서 한참을 놀렸는데, 며칠 뒤 나도 철봉에 매달려 있다가 떨어져서 똑같은 병원에서 깁스를 하게 되었다. 하필 둘이 똑같은 팔에 하얀색 깁스를 하고도 축구를 하면서 뛰어다녔다. 둘이 똑같은 팔을 어색하게 뒤뚱거리며 공을 쫓아 뛰어다닌 모습을 생각하면 지금도 웃음이 난다.

월영초등학교로 오면서 우리는 어머니가 오래전에 사두었던 중앙동 대로변에 낡고 허름한 일본식 이층집에 살게 되었는데, 그때 한참 같이 어울리던 친구들은 아버지가 변호사인 친구도 있었고, 유명한 음식점 사장님의 아들도 있었다. 소위 말해서 잘 살고 잘 나가는 친구들이었다.

그 친구들과도 위화감 없이 빠르게 친해져서 처음으로 친구들을 집으로 초대했다. 한참 장난도 치고 어머니가 끓여주시는 라면도 먹고 헤어진 뒤 어머니가 내게 물으셨다.

"상민아, 네 친구들은 모두 부잣집 아이들인데, 넌 이런 누추한 집에 친구들 데리고 오는 게 창피하지 않나?"

어머니는 내심 시골에서 놀기만 하던 아들이 도시의 잘 나가는 집안 아이들에게 기죽지 않을까, 걱정이었던 모양이다. 그런데 그때 내가 너무도 무덤덤하게 대답했단다.

"엄마, 다 같이 노는 친구들인데, 그게 무슨 상관이에요. 전 아무렇지도 않아요. 그 친구들 보다 못하는 게 없는걸요."

하면서 전혀 기죽지 않고 당당하게 말해서 어머니는 안심했다고 한다.

중학교 진학을 앞두고 나는 새로운 각오를 다졌다.

시골에서의 학교생활은 그저 노는 곳이었지만 도시에서는 학업에서의 경쟁이 치열했다. 그래서 도시의 아이들을 따라가려면 공부를 더 해야겠다는 생각을 했다. 특히 영어에 대한 진도 차이가 엄청났다.

"엄마, 책 좀 사주세요. 아이들이 나보다 영어 단어를 너무 많이 알고 있어요."

마산으로 전학해 온 뒤 나는 어머니께 처음으로 영어 사전을 비롯한 학습서를 사달라고 했다. 그때 혼자 공부하기 위한 학습서의 필요성을 느꼈고 몇 가지 책을 샀다. 어머니는 내가 요구하는 영어 사전과 학습서를 아주 기쁜 마음으로 사주셨던 것으로 기억하고 계신다.

그렇게 중학교에 진학하여 또 본격적인 경쟁이 시작되었다. 처음에는 아주 뛰어난 성적을 받지는 못했지만 서서히 성적이 상승하는 것을 보면서 처음으로 공부라는 것이 재밌고, 성적이 올라가는 것이 즐겁다는 것을 느꼈다. 부모님은 물론이고, 친척들도 섬에서 온 시골 아이가 빠르게 성적이 오르는 것을 보고 놀랐다. 특히, 평소 알고 지내던 선생님들께서 모두 기뻐하고 깜짝 놀랐던 것으로 기억한다.

물론 공부에 있어서만큼은 절대 지지 않겠다고 다짐하고 성적에 과도하게 집착하면서 측은한 행동을 하기도 했다. 중학교 3학년 시절, 꼭 1등 졸업을 하겠다는 목표로 열심히 준비한 기말시험에서 전교 2등을 하게 된 것이었다. 800명이 넘는 학생들 중에서 전교 2등이니 아주 잘한 성적이었지만, 내가 원하는 전교 1등이 나오지 않아서 전혀 기분이 좋지 않았다.

휴대전화도 없던 시절, 주머니에 있던 잔돈으로 집에 전화를 걸어 어머니와 통화를 했다. "엄마, 전교 1등 못했어요"라면서 서럽게 울었던 기억이 난다. 참, 얼마나 철없던 시절인가.

그때 그 당시는 정말 순수하게 공부에만 집중하던 시절이었다. 공부라는 것이 무엇인지, 성적이라는 것이 무엇인지 별 관심이 없이 살아온 나에게 드디어 공부라는 것이 어떤 것인지를 알게 해준 중요한 시기였다.

이러한 과정을 통해 내가 나름의 공부머리와 승부욕이 있다는 사실을 알게 되었다. 그리고 그렇게 쌓여갔던 공부에 대한 의지와 집중력, 나름으로 터득한 공부의 방식은 살아가면서 나에게 큰 자산이 되었다. 고등학교에 진학해서도 대입 수능시험을 준비하면서도, 사법시험을 준비하고 미국의 변호사 자격증 공부를 하면서도 어린 시절 처음 뭔가를 배우고 공부하던 그 느낌과 열정이 나의 DNA가 되어 계속 그 방법을 알려주는 듯 했다. 공부라는 것은 내게 조금씩 조금씩 도전하고 성취하는 기쁨과 즐거움을 알게 해주었다.

# 7.
## 선생님들의 또 다른 가르침

    나는 지금도 어린 시절 친구들을 자주 만난다. 또한 그때 그 시절 많은 가르침을 주셨던 선생님들도 주기적인 모임을 통해 만나 뵙고 있다.
    성공한 인생을 위해서는 무엇보다 중요한 것이 적절한 시기에 본인의 진로를 상담해 주는 스승님을 만나는 것이라는 얘기들을 하지 않는가? 주나라의 무왕도 강태공이라는 대단한 내공의 스승을 만나 천하를 평정할 수 있었다.
    특히 어릴 때 멀리서 존경했던 선생님을 가끔 다시 만나 뵙고, 점점 더 멋지게 나이가 들어가면서 조금씩 가치관이 변해가는 모습을 접할 수 있는 것만으로도 나는 커다란 위로와 인생의 지침을 얻는다. 마음으로 존경하는 어른의 존재는 인생의 소중한 보물이다.

    가끔 좋은 스승이란 어떤 사람일까, 생각해 보고는 한다.
    나에게도 그 존재만으로도 본받고 싶은 삶의 방향성이 되어주신 선생님들이 인생의 과정마다 있었다. 교사이신 아버지의 영향도 있었겠지만 항상 중요한 시기에 스승님들이 나에게 큰 영감을 주셨다. 그런 면에서 나는 선생님 복이 참 많은 사람이다.

초등학교 어린 시절 사량도에서 만난 선생님들에 대한 기억이 특히 많이 남아 있다.

통영 사량도 선생님들은 내게 아버지 못지않은 영향력을 끼친 분들이다.

나는 지금도 글씨를 잘 쓴다는 말을 종종 듣곤 한다. 사법시험을 볼 때도 대부분이 한자어가 바탕이 된 법전을 읽고 답안지를 작성해야 하는데 글씨는 매우 중요하다. 실력이 뛰어난 사람들이 악필이기 때문에 계속 시험에 떨어지게 되었다는 얘기를 종종 들었다. 실제로 글씨가 나쁘면 사법시험 2차 시험에서 좋은 점수를 못 받거나 사법연수원 시험에서도 좋은 평가를 못 받기도 한다.

강OO 선생님은 사량초등학교 시절 5학년 담임선생님이셨다. 정말 내가 만난 사람 중에서 가장 붓글씨를 잘 쓰시던 분이셨다. 입술을 앙 다물고 손끝에서 붓이 움직이면 너무나 아름다운 글귀가 종이에 아로새겨져 있었다. 아버지께서는 동료 교사이신 강OO 선생님의 실력을 알아보시고는 사량초등학교에 가자마자 붓글씨를 배우게 하셨다. 처음에는 그 속도가 빠르지는 않았지만 계속적인 노력으로 어느새 나도 다른 친구들처럼 붓글씨를 곧잘 쓸 수 있었고, 학교에서 하는 시화전에 내 글씨를 써서 낼 수도 있는 수준이 되었다. 그러한 붓글씨 실력이 사법시험이나 사법연수원 시험, 심지어는 미국 변호사 시험에서도 큰 역할을 하였음은 두말할 필요가 없다. 한참 연애에 빠져 있던 시절 서로가 좋은 감정으로 만나던 그녀들이 나의 글씨를 보고는 전혀 다른 이미지로 봐주는 것도 기분 좋은 일이었다.

김OO 선생님은 사량초등학교 6학년 담임선생님이셨다. 시와 시조라는 것을 몰랐던 시절, 우리에게 시조의 운율을 알려주시고 자연을 관찰하여 시를 쓰는 법을 알려주신 분이다. 실제로 시집을 내시기도 하고 문인협회에 등록되어 계신 정식 문인이시다. 매일 시를 쓰는 시간이 되면 각자의 주제로 시를 써서 발표를 하기도 하였는데, 누가 선택하는가에 따라 시 문구가 달라지는 것을 보면서 시인은 정말 잘 관찰하는 사람이라는 생각을 하였던 기억이 난다. 어린 시절 전문가를 통해서 시를 알게 되면서 어떤 상황에서나 가장 적절한 단어가 무엇인지를 찾는 연습을 하였던 것 같다.

　사량도는 시골 마을이었지만, 이렇듯 당시 벽지 시골 학교 선생님들의 문화적 소양은 상당히 높았다. 방과 후면 서예를 배우기도 하였고, 문학 시간에는 시를 쓰면서 어디에서 교육을 받더라도 뒤처지지 않는 그런 교육을 받을 수 있었다. 그리고 무엇보다도 배움을 주고 받음에 따뜻함과 정이 묻어나 있었다. 항상 성장하는 우리를 응원하고, 밝은 미래를 기도하는 스승님이자 부모님 같은 분들이었다.

　마산중학교 시절에도 기억나는 선생님들이 계시다. 중학교 선생님들에게서는 이전 국민학교 때 선생님들께는 없었던 또 다른 멋짐이 있었다. 그것은 일종의 거리감에서 오는 또 다른 존경심 같은 것이었다.

　중학교부터 과목별로 만난 전공 선생님들은 뭔지 모르게 더 지적이었고 진지하게 느껴졌다. 특히 역사를 가르치셨던 이OO 선생님이 기억에 남는다. 겉으로 보기에도 젊고 멋졌으며 그림과 서예에도 능하신 분이었다. 역사 시간에 그 분이 수업을 하면서 세상을 보는 방식이 마음에 특히 많이 끌렸던 것 같다. 옳은 것을 추구하고 더 많이 알려고 노력하고 우리를 대할 때도 한

날 어린 사람으로 보기보다는 한 사람의 인격체로 대했다. 존중이 밑바닥에 깔린 관계에서는 어느 누구도 다른 사람에게 함부로 할 수가 없다. 내가 존중받는 만큼 다른 이를 존중해야 하기 때문이다. 존중하는 인간의 관계는 그만큼 사람의 인격을 끌어올릴 수 있다고 본다. 곁을 주시는 따뜻함이 있지는 않아 존경의 마음을 충분히 표시할 수는 없었지만 마음속으로 늘 존경했다. 그런데, 나중에 알고 보니 선생님께서는 전교조의 핵심적 활동으로 교육청에서 주시하고 있는 상태였다는 이야기를 아버지로부터 들을 수 있었다. 우리 사회에 대한 문제의식을 어떤 식으로 고민하고 표출할지와는 별개로, 자신이 몸담고 있는 현실에서 부조리를 발견하여 개선하고자 한 진지함과 열정을 높이 사고 싶다. 이처럼 적정한 거리감을 유지하며 지식인의 모습을 염탐하며 존경했던 이OO 선생님과는 다른 면에서 생각나는 분이 있다.

나는 지금도 고 3 때 친구들을 종종 만나는데, 그때마다 경상고등학교 김OO 선생님에 대해 얘기하곤 한다. 그때는 무척 감당하기 쉽지 않았는데, 그만큼 지금은 큰 연대감과 애정을 불러일으킨다.

김OO 선생님은 과목이 영어였는데, 육군 기갑부대 장교 출신으로 탱크를 몰다가 오셨다고 한다. 그래서 군대식으로 우리의 기강을 잡으셨다. 토요일 오후에는 문제를 일으킨 학생 5~60명을 방송을 통해서 소환했다. 그렇게 소환된 학생들은 4층으로 끌려가서는 다양한 벌칙을 수행해야 했다. 특히, 수업 분위기가 흐트러졌다든지 지각하거나 문제가 생기면 주로 단체 벌을 내렸다. 오리걸음으로 계단을 올라가서 벌을 주는 곳이 4층이라서 삼청교육대를 본 따 우리는 그곳을 "사층교육대"라고 불렀다. 우리는 사층교육대에 자주 불려 가곤 했다. 이 단체 벌 때문인지 우리 반은 단합이 가장 잘 되었고 무슨 일이든 극성스러울 정도로 열의를 불태웠다.

당시 체육대회든 공부든 언제나 1등 해야 한다며 반 아이들이 똘똘 뭉쳐 열성을 다했던 그 시간은 결국 우리의 기억 속에서 가장 즐거웠던 시간으로 각인되어 있다. 그것은 한편으로 참 이상한 일이다. 단체 벌은 개인적으로 봤을 때는 하나도 공평하지 않은 일이다. 그래서 불만이 극으로 치닫는데도, 또 단합력을 끌어올리니 알 수 없는 일이었다. 그때, 나의 아이디어로 "탱크주의"라고 인쇄한 반 티셔츠를 입고 체육대회 행사를 열심히 치렀던 기억이 있다. 누군가가 들고 온 노래방 기계로 인기상을 탔던 것이 기억에 남는다. 지금 생각하면 대단한 열정의 시간이었다.

김OO 선생님이 우리에게 늘 벌만 주신 것은 아니었다. 사충교육대에서 단체 벌 이후 우린 가끔 학교 뒷산인 천주산에도 자주 올라갔다. 뒷산 오르듯 올라갔다가 계곡물에 등목도 하고 더위를 식힌 후 다시 학교로 와서 공부하기도 했다.

그때 우리가 함께 오르던 그 산길에는 늘 갈림길이 있었다. 한쪽은 창원으로 가는 길, 한쪽은 마산 쪽으로 가는 길. 그 갈림길 앞에 서면 늘 생각이 많았다.

## 8. 내 유쾌한 옆길들, 친구는 전국구

중학교 때는 공부만 하기보다는 영화를 보러 다니거나 책을 많이 읽었다.

그때 본 영화로 〈늑대와 춤을〉이 기억에 남았다. 1991년 개봉작이었고 케빈 코스트너가 주연과 감독을 맡았는데 연흥극장에서 봤던 것으로 기억한다. 중학교 1학년 때였다. 내용은 아슴아슴하니 기억나지 않지만, 미국 신대륙의 자연환경과 계절 따라 떠돌아다니며 자유롭게 살던 인디언들의 삶이 아름답게 그려진 영화였던 것으로 기억한다. 백인 주인공과 인디언 부족의 여자가 같은 움막에서 자고 나오자 많은 인디언들이 지켜보고 있었던 명장면에 크게 웃었던 기억이 난다.

지금도 재미있었던 것은 영화 제목인 '늑대와 춤을'이 주인공(케빈 코스트너 역)인 존 던바의 인디언식 이름이라는 사실이다. 거기에 나오는 인디언들의 이름이 하나같이 재미있어서 당시 그게 또 유행이었다. 한동안은 서로 친구에게 붙여주고는 재미있어했던 것으로 기억한다. 주먹 쥐고 일어서, 새 걷어차기, 머리에 부는 바람, 열 마리의 곰, 검은 어깨걸이 등등 영화에 나오는 인디언들의 이름이 멋있었다.

그때 읽은 책 중에는 〈다시 태어난다 해도 이 길을〉이라는 책이 특히 기억난다. 이 책은 당시 사법고시, 행정고시 등에서 합격한 사람들의 수기 모음집이었다. 어려운 환경을 극복한 자기 투쟁기에 가까운 그 책을 너무 열심히 읽은 나머지 나는 그때부터 주위에 검사가 되겠노라고 말하고 다닌 듯했다. 나는 기억하지 못하는데 훗날 주위에서 이미 내가 검사가 되리라고 생각하고 있었노라고 말하니 그 책이 영향을 많이 끼친 듯하다. 어쩌면 어린 나이에 공부라는 무기가 단순해서 좋았을 수도 있었다. 공부하는 것만으로도 어려운 환경과 자신을 통제할 수 있다니 멋진 일이었기 때문이다.

그 시절부터 나는 영화와 책, 음악을 좋아했지만, 그래도 나는 밖에 나가 아이들과 서로 부대끼며 노는 것이 훨씬 내 성향에 맞았다. 그래서 학원을 다니기 보다는 친구들과 어울려 축구하고 농구 하기를 좋아했다. 나는 여전히 시골 촌놈의 자유로움에 대한 기억을 가지고 있었다.

지금도 나는 내게 타고난 승부욕으로 목표를 향해 달려가는 승부사 기질이 있는 한편 놀기 좋아하고 사람을 좋아하는 낙천적 기질이 있음을 느낀다. 나는 전적으로 어느 한 곳에 쏠리지는 않았다.

그래선지 내 주위에는 늘 친구들이 많았다. 그러다 보니 자연히 친구들을 앞서서 이끄는 경험도 많았다.

중학교 3학년 때에도 학급 반장을 했는데, 우리 반에 유독 공부를 포기한 말썽꾸러기들이 많다는 소문이 있었다.

요즘 말로 하면 일진이라고 하는, 자기들끼리 노는 애들이 우리 반에 많이 배정되었다.

　나는 반장으로서 그 아이들과도 축구나 농구를 하면서 어울려 놀면서 서로 마음을 트려고 노력했고, 또 자잘한 문제가 생기면 일단 반 친구들의 이야기를 들으려 노력했다. 그 뒤에는 언제나 서로의 의견이나 그에 대한 대처 방식에 대해 대화를 나누다 보면 의외로 아이들은 어느 정도 반 전체를 위해 참고 협조를 했다. 반 전체의 단합 차원에서 분위기를 해치지 못하게 신경 썼다.

　또한 표적 삼아 한 친구를 괴롭히는 일이 벌어지는 것에는 참을 수가 없었다. 그래서 그런 일이 있으면 그냥 넘어가지 않았다. 반드시 중재하고 지나갔다. 그래서 큰 말썽 없이 1년을 잘 보낼 수 있었다.

　이 시기에 대해 친구 이OO은 말했다.
"상민이가 반장이 되더니 일진이라고 하는 문제 있는 친구들이 조용해지더라고요. 그때 상민이가 운동으로 덩치도 좋았어요. 또 사교적이라 자연히 애들과도 잘 어울렸어요. 주로 힘보다는 말과 행동으로 아이들을 이끌었습니다. 그럼에도 덩치 큰 애들이 약한 애들 괴롭히는 것은 못 보고 있었죠. 아이들이 까불면 조용히 시키고 또 풀어줄 때는 잘 풀어주고, 그래서 균형이 잘 맞는 반이었어요. 선생님들도 좋아하셨죠."

　이때는 반장으로서 반을 잘 이끌어야 한다고 생각하고 있었는데, 선생님 눈에는 믿음직한 반장이었을 것이다. 그러나 고등학교에서는 또 달랐다.

　창원 경상고등학교로 배정받고 난 뒤 어머니는 학교가 너무 도시 외곽에 떨어져 있다고 걱정하셨지만, 사실 나는 마음에 들었다. 경상고등학교는 도심과 한참 떨어진 외곽의 산 밑에 있어서 조용하고 한적했다.

한번은 어머니가 상담이 있어서 고등학교로 찾아갔더니 담임선생님이 어머니에게 하소연을 했다고 한다.

"아이들이 상민이 때문에 공부를 못합니다. 상민이는 시험을 재빨리 다 치고 남는 시간마다 책상에 엎드려 코를 골고 잡니다. 그래 놓고 시험 치고 난 뒤에는 또 아이들과 운동장으로 몰려 나가 농구를 하고 놉니다. 상민이는 그렇다 치고 아이들은 공부를 못하니 상민이에게 말 좀 해주세요."

하고 어머니에게 담임 선생님이 부탁하더라고 했다.

지금 생각하면 반 친구들에게 미안한 일이다. 또 반 아이들 공부는 시켜야 하는데 내가 아이들을 데리고 놀고 다녔으니 속을 바싹 태웠을 선생님께도 미안한 일이다.

사실 고등학교 때의 반장 경험은 중학교 때 친구가 기억한 전형적인 유능한 반장 모습과는 좀 다르다. 중학교 때에는 선생님과 아이들, 또 서로 색깔이 다른 반 아이들 사이를 중재하고 조율하는 유능한 반장으로서 역할을 했다면 고등학교 때의 모습은 선생님의 입장에서 볼 때는 일탈에 가까운 모습이었을 수도 있었다. 얌전하고 착한 반장은 아니었던 듯하다. 솔직히 말하면 사고를 은근히 치고 다니는 말썽꾸러기 반장이었다.

그때 기억에 남는 일로는 고등학교 3학년 때, 친구들과 진학지도실로 가서 선생님들의 간식을 훔쳐 먹은 기억도 있다. 당시 진학지도실에는 간식이 가득차 있었다. 햄버거 등 빵 뿐만 아니라 수박, 사과 등 과일도 있었는데, 반통짜리 수박을 표시나지 않게 칼로 오려서 서리해 먹은 적도 있었다. 생각해 보면 웃기고 대단한 능력자들이었다. 아마 선생님들은 쌀독의 생쥐 같은 우리들의 짓을 알고도 속아주었을 것이다.

또 한번은 학교 시화전이 열린 날 우리 3학년생들은 커튼을 치고 새 학년 첫 모의고사를 치르는 날이 있었다. 산 중의 절간 같은 학교에 더더구나 다른 학교에서 온 여학생들도 많이 놀러 와 있는데 우린 시험이나 치르고 있다니 억울하지 않을 수 없었고 아이들의 불만도 엄청났다.

시험이 끝나고 보니 이미 미전과 시화전이 끝나고 옆 학교에서 온 여학생들도 모두 돌아가고 없었다.

화가 난 우리 반 아이들은 무슨 거사라도 하는 듯 작당하여 소계동 동산교회 앞에서 모여서 놀다가 그날 처음으로 백일주랍시고 단체로 술을 마신 기억이 있다.

이때 이야기는 아직도 친구들에게서 전설처럼 남아 있다. 물론 선생님들은 몰랐다. 아마도 담임선생님이 알았다면 반장인 나에게 뭐라고 하셨을까? 실망하셨을까, 아니면, 그럴 수도 있지, 하셨을까. 반 친구들과 모여서 자잘한 말썽을 피워댔으니, 실망은 커녕 '네가 그렇지', 하시면서 그러려니 하셨을까, 알 수는 없다.

또 한번은 당시 유행하던 앙케이트 팅이라는 것을 하면서, 설문지를 돌리고 작성하다가 선생님께 들킨 적이 있었다.

인근 창원여고 여학생들에게서 온 앙케이트 형식의 질문이 15개 정도 있었는데 거기에 내가 답으로 쓴 내용을 선생님이 공개적으로 읽어주어 웃음을 산 일도 있었다. 그때 내가 쓴 자기소개 글에 '과묵하지만, 뚝심 있는 경상도 사나이'라고 했다가 온 반이 웃음바다가 되었었다. 생각해보면 내 희망사항을 적어놓았지 싶다.

이때 미팅으로 만나서 서로 연락을 주고받던 친구는 대학교를 진학하고 난 뒤 1, 2학년까지 편지를 주고받기도 했다. 100여 통 정도 주고받았는데 대학 진학 과정과 적응에 대한 고민을 주로 나누었다. 그러다 서로의 생활에 각자 적응이 잘 되었는지, 어느 순간 서서히 멀어졌다.

대학입시시험을 치르고 난 뒤에는 아이들과 여행을 가기도 했다. 생각하면 한계선 안에 머무르기보다는 일단 저지르고 보는 성격 탓에 소소한 사고도 더러 치기도 했다.

"같이 어울리면서도 상민이는 나름 스스로 지키는 선이 있었어요. 어느 선까지는 지키는 것이 있었기에 위엄 같은 것이 느껴졌고 그것이 쉽게 깔보이거나 함부로 하지 않게 했습니다. 카리스마 있고 포스가 남다른 면이 있었어요. 또 두려움도 없는 편이었어요."

이렇게 같이 학교 다니며 놀던 친구는 고등학교 시절의 나에 대해 평가했다.

나의 경우 초, 중, 고, 그리고 대학의 과정 과정마다 친하게 지내던 친구들과 여전히 만남이 이어지고 있다. 그래서 늘 가는 곳마다 친구들이 모여들어 서로의 근황을 나누게 된다. 그래서 어느 곳을 가든 친구 만나느라 바쁘다.

서울대 법대를 다닐 때는 어머니가 서울에 오시면 나는 늘 친구들 서너 명을 데리고 자취방으로 가곤 했다. 고향을 떠나 똑같이 자취하는 처지에 제대로 못 먹을 것이 뻔해서 어머니가 한 따뜻한 음식을 먹이고 싶었기 때문이다.

"어머니 친구들과 같이 갈 거예요. 칼국수 좀 해주세요."

그때 어머니는 서너 명이 온다고 하면 예상보다 언제나 더 몰려들어 예닐곱이 올 것을 예상하고는 넉넉히 준비해 주시기도 했다.

한동안은 서울에서 고향 창원으로 올 때면, 창원의 친구들도 따로 만나기도 했지만, 또 서울에서 창원까지 같이 따라 놀러 오는 친구도 있었다.

이런 나에게 어머니는 가끔 놀리듯 말씀하셨다.

"가는 곳마다 친구들이 있고, 몰고 다니기까지 하니, 넌 친구가 전국구네."

창원의집

2부

# 도전,
# 좌절,
# 다시 도전

**1.**

## 7년의 내기
### - 떠오르는 해를 보며

중학교 이후 나의 꿈은 검사가 되는 것이었다.

논리로 정의를 실현하는 검사의 모습이 너무 멋져 보였기 때문이었다. 혹시 억울하게 죄를 뒤집어 쓴 사람은 없는지, 심판대 위에 올리기 전에 한 번 더 살피고 가리고, 물음을 던지는 사람.

대학수학능력 시험을 치르고 난 뒤, 나는 서울대 법대에 원서를 썼다. 당시 4군데 까지 지원이 가능했는데, 다른 곳은 일체 지원하지 않고 서울대 법대에만 원서를 넣었다. 그런 모습이 불안했는지, 주변에서는 다른 대학에도 원서를 넣어보는 것이 어떠냐는 조언도 했지만 나는 다른 대학은 합격하더라도 가지 않을 것이라고 서울대 법대만 지원하겠다고 말씀드렸다.

내가 서울대 법대에 합격하자 고등학교 친구들의 축하 인사가 달라졌다.
"어이, 김 검사, 축하한다."
친구들은 법학과에 합격했을 뿐인데도 이미 나를 검사로 불렀다.

검사에 지원할 때, 고등학교 생활기록부를 제출하도록 되어 있는데, 생활기록부에도 장래 희망으로 '검사'라고 기재되어 있다.

검사의 꿈은 사실 오래된 것이다.
나는 중학교 때부터 검사가 꿈이라고 말하고 다녔는데, 사실 아버지도 그때쯤 나에게 검사가 되어보는 것이 어떠냐고 말씀하셨다. 내가 그 시절 '다시 태어나도 이 길을'이라는 책을 읽고 검사가 되겠다고 하니 격려해 주시며 그 꿈을 지지한다고 말씀하신 것 같다. 그런데 왜 하필 검사였을까? 하고 가끔 생각한다. 나는 왜 검사였을까?
어린 마음에도 '검사'가 마음에 들었다. 드라마 모래시계에서 친구인 박태수를 수사하여 단죄하는 강우석을 보고 검사의 매력에 빠져들게 된 것일까? 범죄자를 가려내고 법의 이름으로 죄를 묻는 것이 멋져 보였다. 그런데 아버지는 왜 검사였을까? 더더구나 아버지는 아이들을 사랑하며 성품이 온화하고 따뜻한 사람이었다. 그런데 아버지는 온정주의보다는 국가의 기강이나 질서 등에 의한 법치주의가 꼭 필요하다고 하셨다. 민주주의는 빠르게 발전했지만 법치주의는 아직 시간이 더 필요하다고 생각하셨다. 법에 의한 공공선의 실현이 더 필요하다고 생각하신 듯하다.

아버지는 자식들에게 이렇게 해라, 저렇게 하라고 강요하거나 세세하게 관여하시는 편이 아니셨다. 그냥 툭, 던져놓는 식이었다. 내가 사법시험 공부를 시작할 때 한가지 제의를 하셨다.
"아버지랑 내기할까?"
"지금부터 7년쯤 지나면 나도 교무주임, 교감을 거쳐서 교장으로 승진할 수 있을 것 같고 너도 지금부터 준비해서 사법시험이 되면 검사가 될 수 있을 테니, 우리 둘 다 7년 뒤에 목표를 이룰 수 있을지 내기할까?"

그때가 한참 사법시험 공부를 할 2000년 초반 무렵이었다.

학기 공부가 끝날 때면 신림동 고시원이 있는 서울에서 부모님이 계신 창원으로 내려왔다. 여름이나 겨울 방학 기간에는 집에서 가까운 경남대 도서관에서 공부했던 기억이 난다.

창원에서 2달간 열심히 1차 시험 준비를 하고 부산에서 시험을 치르기로 하였는데, 시험날 새벽이 되자, 아버지와 어머니는 나를 태우고 시험장으로 직접 가셨다. 새벽의 떠오르는 태양을 보며 아버지가 기원의 말씀을 하셨다.

"아침 해가 저리도 밝게 빛나니 좋은 기운을 받아 오늘 결과도 좋을 거야."

부산에 가서 치른 그 시험은 떨어졌다. 그리고 두 번째에 시험 치르러 갔을 때도 똑같은 아침 태양의 기운을 받으며 출발했던 기억이 있다. 그러나 2번째도 떨어졌다. 하지만 아버지의 그 축원은 내 기억 속에 오래도록 남았다. 비록 부산에서 치른 두 번의 1차 시험은 모두 떨어졌어도 그날 받은 아침 태양의 기운은 오래도록 내게 힘을 주는 것이었다.

1차 시험을 두 번 떨어지고 대학원에 진학하면서 신림동에서 공부하는 것으로 방향을 바꿨다. 서울 쪽이 막판까지 정보가 넘쳐 날 것이라는 생각도 있었고 더 이상 부모님 신세를 지지 않을 수도 있었다. 그리고 그해 겨울 드디어 1차 시험에 합격했다. 그해가 2002년 월드컵이 한창이던 해였다.

1차 시험을 합격하면 두 번 기회가 주어지는데, 2차 시험을 앞둔 주말이 월드컵 스페인전이 있었다. 그해 6월 한 달 내내 월드컵 경기가 펼쳐졌는데, 한국은 포르투갈, 이탈리아, 스페인을 차례로 무너뜨리고 준결승전까지 진출하였다. 축구를 좋아하던 나로서는 오르는 흥을 참을 수 없었다. 시험을 앞두고 나는 붉은 악마의 일원이 되어 여자친구와 함께 광화문으로 나가 열심히 응원했다.

광화문 앞에서 하루 종일 8강전인 스페인전을 보다가 감기, 몸살에 심하게 걸려 공부는 하나도 하지 못하고 2차 시험을 겨우 치러냈다. 몸이 너무 안 좋아 독일전은 아예 보지도 못했고, 시험 치는 중간 중간에 약기운으로 엎드려 잠이 들었다. 그렇게 준비한 2차 시험이니 합격할 리 없었다. 그해 2002년 실제로 사법시험에서 남자 합격생 비율이 현격히 떨어질 정도로 월드컵 축구에서 대한민국 남자들은 자유로울 수가 없었다. 모두 붉은 티셔츠를 입고 하나의 붉은악마가 되어 곳곳에서 응원하였다.

2차 시험은 두 번의 기회가 주어진다. 두 번 다 떨어지면 1차부터 다시 시작해야 했다. 나는 마지막 남은 한 번의 기회에 올인해야 되는 상황이었다.

다행히 그 다음 해 2차 재시에서 합격할 수 있었다. 2003년 기나긴 고시생의 터널에서 벗어나 드디어 세상에 나오게 된 것이다.

1차 시험 칠 때는 창원에서 부모님의 뒷바라지를 받으며 공부를 했다면 2차 시험을 치를 때는 같이 살고 있던 여동생의 도움이 컸다. 당시 서울로 올라와 고려대학교에 다니던 여동생은 신림동에서 전세방을 얻어서 나와 함께 자취했는데, 동생은 나를 위해 6개월 휴학도 마다하지 않았다. 식사며 빨래 등 뒷바라지를 맡아주었고 항상 나를 응원하였다. 동생의 헌신적인 도움 덕분에 나는 공부에 집중할 수 있었다. 지금도 동생과 각자 가정을 이루고 서울에서 가까이 살면서 서로의 아이들을 돌봐주고 함께 식사도 하는 등 도우면서 살고 있다.

## 2.
## 거기, 있어서 늘 가는 산

나에게 산은 좀 특별하다. 산이 많은 두메산골에서 자랐기 때문인지 산은 내게 자연스럽게 스며들어 체화된 것이다. 어릴 때부터 아버지와 마을 뒷산을 어지간히도 돌아다녔다. 우리 집 뒷산이 창원시 마산합포구에 소재한 무학산이다. 761미터쯤 되는 중간 높이의 산인데 마을 뒷산처럼 오르락내리락했다.

또 경상고등학교 뒷산이 해발 639미터의 천주산이다. 고3 때는 공부하다 반 아이들과 단체로 올라 계곡에서 더위를 식히기도 하던 곳이다. 무학산, 천주산에도 이른 봄이면 산 정상 어귀의 평지에는 연보랏빛 진달래가 핀다. 또 가을이면 억새의 갈색 물결로 출렁인다.

대학에 와서도 나는 우연한 기회에 법대 산악부에 들었다.
당시 산악부는 학생들에게 인기가 없었다. 당시 대학생들은 피씨방에서 게임을 하거나 여학생들과 테니스 치는 동아리를 선호하였다.

나는 우연히 산악반에 다니는 형을 따라갔다 고기를 얻어먹는 바람에 자연히 산악반에 등록이 되어버렸다. 더더구나 시골 촌놈이라 산에 잘 적응하는 바람에 2년 동안 산악반 대장은 덤으로 얻었다. 매주 북한산 인수봉이나 도봉산 선인봉으로 가서 암벽등반을 했다.

서울법대 산악반은 봄 여름 가을 겨울 계절 따라 원정을 다녔다. 지리산 천왕봉이나 백두대간을 올랐고 전국의 웬만한 큰 산들은 다 가볼 수 있었다. 온 나라의 산을 다니면서 대한민국의 척추를 어루만지고 다닌 것 같다.

산을 올라 정상에 서면, 새삼 내게서 멀리 떨어져 있어 보이는 일상의 모든 것에 고마움을 가지게 되었다. 가까이 있으면 잘 느끼지 못하는 모든 것들이 아득하게 멀리 떨어져 있으니 새삼스럽게 드는 감정들이었다. 또한 한편으로는 굽이굽이 이어진 산의 능선을 따라 눈을 돌리다 보면 또 이 산은 어디까지 연결되어 있을까, 상상해 보곤 했다.

이렇듯 가끔은 일상에서 떨어져 있어야 더 잘 보이는 것들이 있다.

가까운 곳만 살피는 일상의 눈과 마음에서 산정상에 오르면 자연스럽게 멀리 있는 것이 보이고, 뚝뚝 떨어져 있던 것들이 연결되어 보인다.

한 발짝 한 발짝 내딛는 작은 걸음이 모여 산 정상에 이르러서야 전체가 한눈에 조망이 되는 순간이 오고 그때에서야 그 모든 것들이 하나로 보이는 것을 발견한다.

사법연수원 시절 지도 교수님과 연수생들이 함께 북한산에 올랐다가 내가 교수님께 인수봉을 가리키며 저곳을 100번 넘게 올라갔다고 말했더니 교수님은 그건 말이 안 된다면서 나를 거짓말쟁이 취급하셨다. 인수봉 암벽은 등반에 3~4시간 정도 걸리는 암벽으로 산악반에 들어가게 되면 누구나 제일

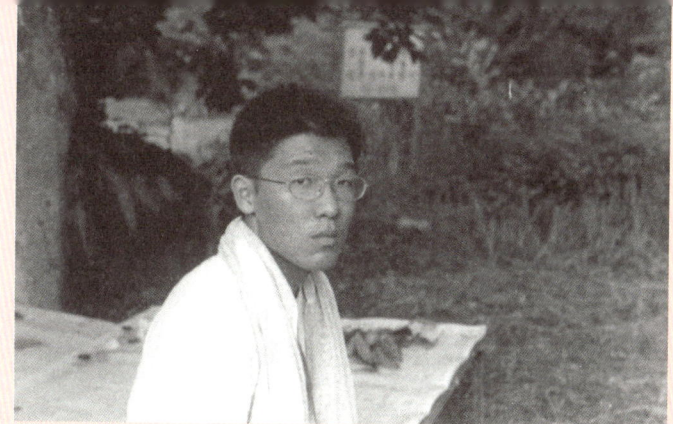

● 대학시절

먼저 도전하는 곳이다. 자일과 암벽화만 있었더라면 암벽 위를 뛰어 다닐텐데, 그때는 증명해 보일 수도 없고 억울했던 기억이 있다.

 2년간 사법연수원에서 지낸 이후 2006년 4월부터 창원지검에서 공익법무관으로 복무하였다. 부모님이 살고 계신 창원집에서 출퇴근을 하다 보니, 10년 만에 아들이 돌아왔다고 기뻐하셨던 기억이 있다. 그때는 일주일에 두, 세 번은 무학산에 오르내리며 생수를 떠다 날랐다. 어머니는 예전부터 무학산의 약수를 좋아하셔서 집에 있을 때는 어머니를 위해 늘 약수를 뜨러 다녔다. 이 시절도 역시 무학산은 한 2 ~ 300번은 올랐을 것이다. 이것도 절대 거짓말이 아니다.^^

 당시 창원지검의 검사장님이 신OO 검사장님이셨는데 서울법대 산악반 선배셨다. 산악반은 아무리 기수 차이가 많이 나더라도 무조건 형님으로 부르는 것이 관행이었다. 창원지검에서 가장 높으신 분에게 그 누구도 검사장님이라는 호칭 이외에 다른 호칭을 부를 수 없었지만, 검찰청에서 가장 낮은 신분인 법무관이었던 나만 오로지 형님이라고 부를 수 있는 특권이 있었다. 검사장님은 내가 서울법대 산악반 후배라는 것을 아시고는 정말 특별 대우를 해 주셨고, 평검사는 물론이고 부장검사들도 검사장님의 최측근인 나를 함부로 대하지 못하셨다.

 가끔씩 검사장님은 검사장실 안쪽에 있는 내실로 나를 불러 다과를 함께 나눠 먹자고 하셨다. 그렇게 이런저런 이야기를 나누다가 보면 내가 모시는 부장님이나 심지어 차장님이 결재를 받으러 검사장실에 들어오시곤 했다. 그러면 나는 문 너머로 검사장님께서 결재하시는 것을 엿보곤 했다. 그럴 때면 내가 검사장님의 아들보다 더한 특별 대우를 받고 있구나, 하는 기분이 들곤 했다. 산악반 인연으로 가능한 일이었다.

검사장님이 창원에 계시는 동안 창원 관내의 산들을 열심히 돌아다녔다. 지리산을 비롯해 가지산이며 덕유산 등을 다녔는데, 통영 미륵산에 갈 때는 내가 자랐던 사량도가 보이기도 했다. 이처럼 내가 자란 창원에서 공익법무관 시절을 보낸 것도 행운이었지만, 산악반 인연으로 많은 추억을 쌓을 수 있는 귀중한 자리이기도 했다.

서울법대 산악반에서 인연을 맺게 된 분 중에 생각나는 한 분이 더 있다.
산을 좋아하던 사람들은 농담처럼 결국 산에서 죽겠다는 말을 한다. 그럼에도 산에서 사고로 갑작스럽게 대면하게 되는 죽음에 대한 충격은 크다. 다시 돌려 생각하면 그가 생전에 좋아하는 곳에서 좋아하는 일을 하다 죽어서 당사자는 행복할 수도 있는데, 살아남은 사람들은 그런 소식을 들으면 왜 그리 무상함을 느낄까?
나에게도 산이 좋아 산에 올랐다가 사고를 당한 산악반 선배 소식이 아프게 다가온 적이 있다. 처음엔 그 형님인지도 모르고 아침에 신문 기사로 접했다.
강원도 양구군의 봉화산(875m), 그리 높지 않은 산에 산행을 갔던 60대가 실종되었고 다음 날 숨진 상태로 발견되었다는 내용이었다. 산에 갔다가 사고를 당한 소식은 뉴스에서 비교적 흔하게 접하는 내용이라 처음엔 별 관심을 두지 않았다. 그런데 그 기사를 읽고 난 뒤에 갑자기 두 눈을 의심할 수밖에 없는 부고가 단체 카카오톡에 떴다.
내용은 간단했다. 대학 산악반 동문인 A 선배가 방금 내가 읽은 신문 기사의 바로 그 사고로 별세하였다는 것이었다.

그는 정말 자타공인 최고의 산악인이자 산을 진정으로 사랑하고, 50여 년 동안 안 다녀본 산이 없을 정도로 최고의 전문산악인이 아닌가?

아, 진정으로 그가 가장 사랑하던 산에서 저렇게 허망하게 떠나게 될 줄이야.

다른 사람도 아닌 A 선배가 그렇게 허망하게 우리를 떠나게 될 줄은 꿈에도 몰랐다. 최고의 입담꾼이자 글도 잘 썼던 그 선배가 이렇게 갑자기 우리 곁을 떠난다는 것이 믿기지 않았다. 장례식에서 서럽게 눈물을 흘렸던 기억이 난다.

# 3.
## 검사의 역할, 부검, 검시

　존경하던 A 선배의 죽음은 법적인 용어로 말하면, 강원도 양구군을 관할하는 춘천지방검찰청에 발생한 변사사건이다. 변사사건은 사망의 원인이 명백하지 않은 경우, 혹시 모를 범죄로 인한 사망위험에 대비하여 그 사체와 사건 처리를 검사의 지휘에 따르도록 규정하고 있다.
　검사는 사고에서 언제나 범죄의 가능성을, 아주 작은 단서라도 있지 않나 주의 깊게 살핀다.
　어떤 현상에 대해 일단 의심하는 것이다. 비통한 죽음도 다시 한번 더 냉철하게 살펴야 한다. 아주 작은 단서가 커다란 사건의 실마리가 되는 경우가 있기 때문이다.

　지존파 사건의 단서도 처음에는 자칫 놓칠 뻔한 아주 작은 의문과 단서에서 출발했다.
　전북 장수군의 어느 한 농로에서, 성남의 유흥주점에서 밴드 마스터 일을 하던 사람이 자신의 차 안에서 사망한 채로 발견되었다. 지존파는 숨진 피해자를 공기총으로 살해하고, 시신을 운전석에 앉힌 뒤 장수군의 산자락에서 떨어뜨려 교통사고로 위장했다.

처음 장수경찰서에선 단순 교통사고로 생각해서 사체는 유족에게 인도하고 사건은 단순 내사 종결하려고 했다. 그런데 당시 담당 검사는 피해자가 왜 경기도 성남에서 전북 장수까지 오게 된 것인지, 그리고 오른쪽 신발이 왜 없는지가 궁금했다. 그래서 수사를 종결하기 전에 추가 조사하라고 수사 지휘를 했다. 그 덕분에 잡혀 있던 다른 피해자가 지존파의 감시가 소홀한 틈을 타 신고했고 모든 범인이 체포되게 되었다. 이처럼 사건을 종결짓지 않고 조사 중인 사건으로 올려놓음으로써 또 다른 범죄를 밝혀낼 수 있었고, 사건 해결은 곧 다른 사건을 예방하여 또 다른 피해자가 생기지 않게 하는 일이었다. 그래서 변사사건에 대해 우리가 어떤 자세를 취해야 하는지 잘 알 수 있는 사례였다.

하지만 실제로 현장에서는 대부분 이런 식으로 흘러가지 않는다. 갑작스러운 죽음과 복잡한 애도 절차를 직면한 유족들은 한시바삐 장례를 치르고 일상으로 돌아가려 한다. 그런데, 담당 검사가 단순 사고가 아닌 범죄에 의한 사망 가능성을 얘기하며, 사체의 인도를 막고, 부검 등을 진행하려고 하면, 유족들이 가만히 있을 리 없다.

초임 검사 시절 나 또한 농기계를 조작하다가 특이한 자세로 사망한 변사 사건에서 부검 지휘를 내렸다가 유족의 반발이 너무 거세서 부장님으로부터 큰 질책을 듣고, 유족을 설득하러 현장에 직접 간 적도 있었다.

유족의 아픔을 조금이라도 이해한다면 명백히 범죄로 사망한 것이 아닌 사건에서는 조금이라도 빨리 사체 인도를 해주어야 하지만, 조금이라도 의심이 든다면 유족의 반대에도 부검을 통하여 사건의 진실을 밝혀야 하는데, 죽음 앞에서는 늘 쉽지 않은 결정을 앞두고 고민해야 하는 것이다.

  불교에서는 죽음이란 단지 옷을 갈아입는 것일 뿐이라고 설명한다고 들었다. 그런 관점을 받아들이면 죽음은 그저 다른 형상을 하는 것일 뿐이니 또 다른 곳에 또 다른 이유로 A 선배는 존재할 것이라고 안심하게 된다. 하지만 지금, 이 순간, 이곳에서 맞는 A 선배님과의 갑작스러운 작별은 내게 서글픔과 인생의 허망함으로 다가오는 것은 어쩔 수 없었다. 이러나저러나 산은 늘 우리에게 삶을 조망하게 하고 또 때로는 죽음도 품는 곳이다.
  나는 정인의 〈오르막길〉 노래를 들으며 거기 있어서 오르는 산길을 떠올려 본다.

# 3-1.

## 낙조, 그 찬란했던 아름다움

### <통영 산행기>
2009년 가을. 서울법대 산악부 한오름의 9월 통영 산행기 중 일부 발췌

    정상에 올라서니 무질서하던 그 섬들은 우리가 다시 왔는데도 여전히 모른 척하고 딱 그 자리 그 자세 그대로 제 할 일에 바쁜데, 고즈넉하게 졸고 있는 아랫마을은 어느새 옷을 바꿔입었습니다. 지난 산행에 와서 내려다봤을 때는 누런 황금빛의 옷을 입은 것이 아주 부티가 나더니만 이번에는 아주 볼품이 없게 스타일이 좀 망가진 것 같아 아쉽습니다. 이젠 사진을 찍습니다. 다들 정상에 자리를 비집고 서자, J 형님 더 좋은 사진을 찍기 위해 아슬아슬한 절벽 앞까지 더 멀리 가십니다. 여러 형님, J형 형수님보다 더 놀라고 더 걱정하면서 그러면 안 된다고 크게 말리십니다.

    지난번에 오미사 꿀빵과 뜨거운 커피가 있었다면 이번에는 과일과 매실주가 그것들을 대신하고 있습니다. 매깨비 형님은 복분자와 돌복숭 주를 왜 차에 두고 왔냐고 타박하십니다. 이럴줄 알았으면 애꿎은 과일을 넣어 올 게 아니라 술만 큰 병으로다가 등에다 둘둘 감아가지고 올라올 것을 하는 아쉬움이 남습니다. 지난 9월의 산행 때 S형님은 저녁을 먹기 전에 먼

저 사우나를 가서 몸을 단정히 하자, 그것에 반대하는 자 그 수준을 아주 저급한 것으로 보겠노라고 공언을 하시자, 당시 형님들은 한마디의 불평도 없이 만장일치로다 일사천리로다가 통영해수랜드로 곧장 향했었고, 저희는 운 좋게도 형님들의 올누드를 감상하고, 몰래 사진도 찍고 한 적이 있습니다.

〈중략〉

사실 이번 산행의 대박 행진 속에서도 흥행 부진을 면치 못한 것이 있었으니, 마산에서 공수한 흑미 떡이었습니다. 내심 가장 호응이 좋을 것이라고 기대했으나, 오미사 꿀빵 맛을 보러온 형님들! 떡에는 영 신통찮은 반응을 보이시킵니다. 떡의 맛에는 관심이 없고, 떡의 태생이 어딘지에 만 관심을 가지십니다. 이에 반해 이동하는 차 안에서 스텐레스 등산컵에 부어 공급되는 핏빛 복분자주는 다들 사슴피를 드시듯이 벌컥벌컥 아마 우리의 사정을 잘 모르는 사람들이 같이 타고 있었다면 하나의 컵에다가 단체로 피를 나누어 마시는, 괴기스러운 의식을 치르는 사이비 종교집단 정도로 생각하지 않았을까 하는 생각이........

서편 하늘로 고개를 돌이키니 찬란한 금빛 낙조가 통영 앞바다에 그림자를 길게 드리우고 있고 뭉게뭉게 피어있는 가을 흰 구름은 벌겋게 취해서 온몸이 물들고 있습니다. 그리하여 다들 흥분을 참지 못하고, 달아공원에 허둥지둥 내려서 남아 있는 석양을 보기 위해 전망대를 향해 발걸음을 재촉합니다. 저는 해가 지는 속도가 지구의 자전 속도가 요렇게 빠른지를 오늘 처음 알았습니다. 분명히 처음 볼 때는 크고 벌겋게 생긴 게 반이나 남아서 통영 앞바다를 예쁘게 물들이고 있었는데, 눈을 한 번씩 깜빡일 때마다 조금씩 조금씩 작아지는 것이 어느새 빨간 소시지 하나가 서쪽 하늘에 걸려 있습니다. 태양이 완전히 모습을 감추자, 주위에서 낙조를 관망하던 수십 명의 사람들은 동시에 탄성을 지르고 이렇게 시간을 딱 맞추어서 석양을 한참 관찰한 것이 제가 계획하거나 의도했던 것이 아닌데도 가슴 한 구석이 뿌듯해 옵니다.

이제 마리나 콘도로 돌아가서 저녁을 먹으면 되는데, 아침부터 잠을 설친 탓인지 눈꺼풀이 점점 무거워집니다. J형은 형이 태어난 곳이 비진도이고, 비진도가 이곳입니다, 라고 친절한 설명을 올려서 여러 형수님으로부터 좋은 호응을 얻은 바 있는데, 사실은 저도 산양면 일주도로의 끝자락에 위치한 영운초등학교라는 곳에서 초등학교 3, 4학년을 다닌 적이 있습니다.

20년이 다 되어서, 옛날의 추억이 서려 있는 곳을 가려니 마음이 설레기도 하고, J형이 하여 호응을 얻었던 것처럼 경춘 고속관광 버스가 영운초등학교 옆을 지날 때는 나도 반드시 '이곳이 제가 다니던 학교입니다'라고 큰 소리로 말해서 형수님들의 환심을 사야지, 라고 마음을 붙들어 매고 있었는데, 갑자기 정신을 차려보니 마리나 콘도에 도착했다고 여러 형님 서둘러 버스에서 내리고 계십니다.

에이~참, 세상에 쉬운 일이 하나도 없습니다.

# 4.
## 만남, 그리고 가족

아내와의 운명적인 만남과 결혼의 과정은 장인어른께서 평생 재직하시던 건설회사의 "공기(건물준공기간)를 맞춘듯 한", 장인(master)의 작품 같다는 생각을 한다.

어찌나 급하게 진행되었는지 눈을 떠 보니 우린 이미 결혼해 있었다.

고향을 떠난 지 10년 만에 고향 창원으로 돌아와 부모님과 함께 지내면서 소위 어머니가 해 주시는 따듯한 밥 챙겨 먹고, 오랜만에 부모님과 외식도 하면서 행복한 시간을 보내고 있었다. 하지만 가슴 한구석에는 알 수 없는 허전함이 있었다.

부모님도 결혼을 재촉하셨다. 빨리 결혼하여 정착하는 것이 떠도는 생활 중에서도 알뜰하게 재산도 모으고, 마음의 중심을 잡고 안정을 찾을 수 있으니 서둘러 결혼하기를 권유하셨다.

그때부터 선자리가 들어와 맞선 보기가 계속되었다.

선자리가 계속될수록 알 수 없는 피곤함과 쓸쓸함이 밀려들었다.

금요일 밤 또는 토요일 아침에 서울에 KTX를 타고 올라가서 여성들과 만나고 일요일 밤 늦게 내려오는 일정이었다. 그때만 해도 창원까지 KTX가 없어서 항상 밀양역에 차를 주차하고 서울에 다녀온 후 일요일 늦은 밤 밀양역에서 내려 자동차를 몰고 집으로 돌아와야만 했다. 일요일 밤, 밀양에서 칠흑같이 어두운 고속도로를 타고 창원으로 돌아오는 길은 무척이나 외롭고 쓸쓸한 길이었다.

멀리 떨어진 곳에서 남녀가 서로 좋은 감정을 키워나가는 것도 생각보다 쉽지 않았다. 서로 마음이 맞지 않는 경우도 많았지만, 장거리로 서로 자주 보지 못하는 경우가 많으니 자연히 깊이 있는 연애로 이어지지 않았다.

그러다가 고등학교 친구가 자신이 알고 지내는 모 건설회사의 임원 분 중에 혼기에 찬 따님이 있다고 만나보라고 권유를 하였다. 그런데 그 친구는 사전에 꼭 알아야 할 것이 있다고 진지하게 경고하는 것이었다.

"그 임원 분이 성격이 엄청 급하고 추진력이 엄청나. 그래서 일단 만나서 마음에 든다고 하면, 무조건 아주 빠르게 밀어붙이실 거야. 그건 알아둬."

그동안 만나보았던 선 자리에 내심 별 내켜하지 않았던 나로서는 이번에도 그저 그런 만남이려니 생각했다. 그래도 창원에서 고등학교까지 나온 창원 출신이라고 하니, 말은 잘 통하겠구나 하는 생각에 만나보기로 하였다. 그런데 만나기로 한 여성이라고 하면서 아내의 사진을 보내왔는데, 평소와는 다른 어떤 특별한 인연이 있음을 강하게 느꼈다. 이 여자가 내 천생연분이라는 생각이 강하게 들었다. 그래서 지금의 아내를 만나보기도 전에 잡혀 있던 다른 맞선 일정들을 모두 다 취소하였다. 어떤 일정은 취소하기가 너무 미안해서 같이 근무하던 공익법무관 후배에게 대신 나가도록 요청도 하였는데, 실제로 그렇게 만난 두 사람이 잠시 사귀는 인연으로 발전하기도 하였다.

 아내가 천생연분이라는 생각에 그때부터 아내를 "연분"이라는 이름으로 저장하고 다녔다. 만나보기도 전에 사진과 짝사랑에 빠진 것이다. 보통 첫눈에 반한다고 할 때는 실제로 만나서 보고 사랑에 빠지는데, 나는 사진만 보고도 첫눈에 반했으니, 나는 나의 사례를 '전 세계에 보고된 유일한 사례'라고 한동안 자부하고 다녔다.

 그렇게 2007년 11월 10일에 처음 만나서 저녁식사를 하면서 이런저런 얘기를 나누었고 다음 날인 11월 11일이 마침 빼빼로 데이라 초콜릿을 선물하고 나는 창원으로 내려오게 되었다.
 아내도 두 분 부모님께 나름 마음에 든다고 한 것인지, 아니나 다를까 친구의 예상대로 바로 장인어른으로부터 연락이 왔다. 아내도 없는 창원에서 만나서 가족끼리 저녁을 먹자는 것이었다. 처음에는 좀 난감했다. 아직 마음이 완전히 확실히 정해지지도 않았고 어떻게 될지도 모르는 상황에서 부모님을 바로 뵙는 것이 맞을까 하는 걱정도 들었다. 하지만 우리 부모님도 대찬성이었다. 어머니는 평소에 며느리가 될 사람이 주변에 있을 것이라는 얘기를 들어오셨는데, 그러한 예언에도 맞는 느낌이라고 하셨다.

 그렇게 예비 장인장모님을 만나서 사위 면접을 보고, 장인어른이 해외 출장에서 돌아온 12월 31일, 장인어른께서 우리 집안 어른들이 괜찮으시면 내일 상견례를 하면 어떠냐는 말씀을 하셨다. 전혀 예상하지 못한 엄청난 속도였다. 그렇게 2008년 1월 1일 상견례를 하고, 3월 15일에 결혼식을 올렸다. 만남에서 결혼까지 100일 남짓, 4개월 만에 우리는 가정을 이루게 되었다.

신혼생활은 서울 삼각지에서 시작했다. 거기서 처는 H 건설을 다니고, 나는 법무부로 출근을 하면서 우리의 신혼생활도 시작되었다. 곧 아이가 생기고, 아들이 태어나던 날 병원에서 아이를 안고 있다가 나는 검사로 임용되었다는 법무부 검찰과의 전화를 받았다. 2009년 1월 18일은 그렇게 운명적인 날이다.

대구지검에 발령을 받아 우리 부부 모두 물설고 낯선 대구로 이사를 가게 되었다. 대구 수성구 범물동에 아파트 관사가 있었는데, 정말 오래된 아파트였다. 이런 곳에서 어떻게 생활하나 걱정을 많이 했지만, 아내는 빠르게 적응해 나갔다. 특히 범물동 관사는 언덕 높은 곳에 자리 잡고 있었는데, 처는 유모차를 끌고 그 길을 오르락내리락 하느라 살이 쪽 빠져버렸다. 지금도 불평불만 하나 없이 아이들을 잘 키우고 나를 잘 보필해 준 아내가 참 고맙다.

결혼 후, 두 아이의 아빠로서 가족과 함께 대구, 포항 등 낯선 곳에서 생활하면서 일주일에 하루 정도 밖에 아이들을 보지 못하는 생활을 했다. 아이들이 자라나는 과정에 많은 시간을 함께하지 못해서 마음 한편에선 늘 미안함을 가지고 있다. 특히, 아버지로부터 많은 사랑과 관심, 추억을 선물 받은 나인데도 아들, 딸에게는 그러지 못해 더 미안함이 크다.

바쁘고 정신없던 검사 생활을 하다가 미국으로 떠난 국외훈련은 큰 힐링과 충전이 되었다. 2013년 7월 1일 우리 가족은 미국 샌프란시스코행 비행기에 올라 있었다. 검사의 일에서 잠시 벗어나 미국의 사법 시스템과 법을 공부하며, 다양한 경험을 하는 것도 좋았지만 무엇보다 가족과 매일매일 함께 일상을 보낼 수 있어서 너무 행복했다.

검사가 아닌 로스쿨 학생으로서 돌아간 기분도 좋았다. 가족과 온전히 모든 것을 함께 했던 그 시절을 생각할 때면 가슴 저 밑에서 행복감이 밀려들곤 한다.

미국 캘리포니아의 아파트에는 대부분 수영장이 있다. 나는 아이들과 그곳에서 하루도 빠지지 않고 물놀이를 했다. 매일 오후 4시 반이면 도서관에서 집으로 돌아와 아이들과 수영장에서 1시간 반씩 물놀이를 하고, 6시쯤 돌아와 아이들을 씻기고 저녁을 먹고 혼자 미국 학교 도서관에 가서 새벽까지 공부하고 돌아오는 생활을 매일 반복하였다. 10년 전의 고시생 시절로 다시 돌아간 느낌이었지만 고시생 시절보다 전혀 힘들지 않았다. 그동안 나에게는 가족이 생겼고, 검사라는 신분을 가지고 있다는 안정감이 컸던 것 같다.

그렇게 6개월 여 열심히 공부한 결과, 나는 뉴욕주 변호사 시험에 합격하였다는 통보를 받았다. 당시 UC Davis 로스쿨에서 재학중이던 많은 외국인 수험생들이 응시하였지만 모두 떨어지고 나는 한국인으로 유일하게 시험에 합격하였다. 그때 UC Davis 대학 측에서도 학장이 나를 따로 면담하면서 내가 자랑스럽다고 특별히 축하해 주는 등 한국인의 위상을 높이는 계기가 되었다.

데이비스는 UC Davis를 둔 작은 도시이다. 캘리포니아 주도인 새크라멘토와 붙어 있다. 세계에서 가장 유명한 나파밸리와 바로 옆에 붙어 있어서 우리는 와이너리를 자주 돌아다녔다. 레이크 타호라는 유명한 호수도 아주 좋았다. 그곳에서 연어 낚시로 연어를 낚아서 요리를 해 먹기도 하였다. 레이크 타호는 정말로 큰 호수다. 수평선이 보이고, 파도도 쳐서 마치 바다 같은 느낌을 준다. 해발 고도가 매우 높고, 물이 맑아서 주변에 아름다운 골프장 등 휴양시설이 많다. 트럼프 대통령이 성인영화에 출연했던 여배우를 추행했다고 보도되기도 한 곳이 바로 레이크 타호 근처에 있는 골프장이다.

미국에서 체험한 또 하나의 추억은 바로 크루즈를 타는 것이었다. 우리는 카리브해를 여행하는 크루즈와 알래스카를 여행하는 크루즈 등 두 번이나 크루즈 여행을 했다. 알래스카 크루즈를 타서는 연어들의 고향이라는 애칭을 가진 케치칸이라는 곳에서 기항을 했다. 케치칸에 내리니 연어들이 도시의 하천을 따라 줄지어 다니는 것이 아닌가? 그 모습을 본 아들은 낚시를 하자고 조르기 시작했다. 마침 낚싯대를 대여해 주는 낚시점이 있어 낚싯대를 드리우는 순간, 연어가 낚시바늘을 차고 들어가는 손맛을 느꼈다. 힘찬 연어가 낚싯대가 부러질 듯이 달아나는 것을 겨우 잡아 끌어올릴 수 있었다. 아들도 괴성을 지르며 큰 소리로 기뻐했고, 크루즈에 같이 타고 있던 사람들이 모두 몰려와 구경을 하기 시작했다. 장갑도 끼지 않은 상태로 연어를 끌어올리느라 손을 다칠 뻔 하였지만 끌어올린 연어는 내 팔뚝만 했다. 여러 사람들이 둘러싸서는 사진을 찍어도 좋으냐고 묻기도 했다.

케치칸을 보면서 든 생각은 내 고향 창원도 이렇게 아기자기한 추억거리가 있으면 얼마나 좋을까 하는 것이었다. 이제 마산 앞바다도 많이 깨끗해져서 물고기들이 돌아다닌다는 것을 알게 되었다. 봉암 다리 밑에 둘레길을 만들고 그곳에서 낚시도 하면서 많은 관광객들을 이끌 수 있으면 얼마나 좋을까? 미국에서의 즐거움은 늘 내 고향 창원의 풍경을 떠올렸고, 창원의 긴 해안을 유람선을 타고 항해하는 날이 왔으면 좋겠다는 생각을 하게 했다. 창원의 긴 해안선 324킬로미터(참고로 제주의 해안선보다 길다)을 반드시 활용해야 된다는 생각을 그때 하게 되었다.

  요즘은 한 달 살아보기 체험이 유행이다. 꽤 낭만적인 삶의 방식이라고 생각한다. 하지만, 이런 체험도 본인이 선택할 수 있을 때 낭만이 있는 것이다.
  어렸을 때부터 여기저기 아버지의 부임지를 따라 반강제적인 전학을 다녔던 나로서는 지역과 친구들 사이에 애착이 형성될 만하면 떠나는 생활이어서 심리적 거부감도 컸다. 내가 아버지의 부임지를 따라다녔듯, 우리 아이들도 아버지를 따라서 한 곳에 정주하기보다는 경남 일대와 서울, 그리고 미국까지 따라다닌 걸 생각하면 측은한 생각도 든다. 아이들이 소화해 낼 수만 있다면 오히려 다양한 체험으로 넓고 자유로운 사고를 할 수도 있겠지만, 너무 어리거나 한창 예민할 때는 마이너스가 될 수도 있음을 알기에 걱정이 될 때가 많았다.

  특히 딸이 태어난 지 몇 달도 되지 않았던 그 시절 울릉도에서 한 달을 보낼 때는, 가는 날부터가 고역이었다. 이제 서너 살 된 첫째와 돌도 안 된 둘째가 뱃멀미를 심하게 해서 고생했던 기억이 난다. 아들이 내 옷에 모두 토하는 바람에 가는 배 안에서 계속 옷을 씻었던 기억이 아직도 생생하다.
  지금 생각하면 힘든 시간들을 어떻게 살아왔나 싶은데, 그래도 가족과 함께 할 수 있어서 좋았다. 늘 함께했던 가족이기에, 함께 해서 더없이 좋았던 기억과 애틋한 면도 있다. 어디를 가든 함께하는 화목한 가족의 힘이 아이들이 현지에 적응하는 데 도움이 되길 바랄 뿐이다.

미국으로 가면서 혼자 어머니를 한국에 두고 가는 심정이 좋지 않아서 어머니를 모시고 갔다. 그렇게 어머니는 오셔서 한 달 동안 미국에서 우리와 같이 지낸 적이 있었는데, 그때 손주가 할머니에게 우리 부부 몰래 부탁하던 말을 어머니는 기억하고 계셨다.

"할머니, 아빠에게 엄마 안아주며 뽀뽀해 줘도 된다고 말해주세요."

"왜?"

"할머니 오기 전에는 아침에 나갈 때 엄마 안아주고 뽀뽀도 했는데, 할머니 오고부터는 안 해요."

어머니는 손자의 그 말을 듣고는 아침 식사 자리에서 말했다.

"이제는 아침에 내 눈치 보지 말고 서로 안아주고 뽀뽀해 주기로 하자. 요환이가 엄마 아빠를 걱정한다."

아침 식탁에서 그 이야기로 웃음꽃이 피었었다.

생각해 보면 그 시절이 아득하다.

아이들은 이제 10대 사춘기의 소년, 소녀가 되었고, 아내는 아이들 교육이 가장 큰 관심사이다.

아이들을 키우는 입장에서 여느 집들과 마찬가지로 아이들이 자신이 잘하는 일, 재능과 적성에 눈을 뜨고, 하고 싶은 일을 하게 하는 것이 부모로서 가장 바라는 일이다.

우리 교육의 입시제도는 '학업성적'이라는, 수치화되고 계량화된 자료로 진로를 가르는 방식이다. 이런 방식이 아이들의 고유한 개성에 대해서 너무 무성의, 무관심하다는 느낌을 지울 수가 없다. 이런 가시적인 표식과 수치들은 공평성 논란은 피해갈 수 있겠지만, 개개인의 고유한 자질이나 기호를 반

가족사진

영할 수 없는 문제가 상존한다.

우선은 모든 분야에서 기회가 더 많이 주어지게 진입의 문턱을 낮추는 방향이 좋지 않을까 생각해 본다. 교육이든 스포츠든 대부분의 전문적 분야가 소수의 엘리트주의 중심으로 사회가 획일적으로 돌아간다. 남은 대다수 사람들은 관심 밖이다.

하지만 얼마 전 우리나라 교육계도 주목하기 시작한 북유럽의 교육 방식은 한 명의 학생이라도 뒤처지지 않게 기다리고 보살피겠다는 정신에 입각해 있었다. 좀 늦어도 좋아, 늦게 성장하는 사람도 있어, 라고 격려하면서 대기만성이 가능하게 하는 구조이다. 모든 영역에서 일률적으로 적용할 수는 없다고 하더라도 여러 분야에서 자기만의 재능과 능력을 묵묵히 키워온 사람에게 기회를 주는 시스템을 만들어야 하지 않을까.

모든 분야에서 비용 절감이 최우선이 되어 일의 질적인 면은 희생되기 마련이다. 다 잘하기는 힘들고 선택과 집중이 요구되는 시대다. 제너럴리스트는 이제 필요없는 시대가 되었다. 한 분야에서만 탁월하다면 그 분야가 어떤 분야라고 하더라도 스페셜리스트가 되어 명예를 얻을 수 있는 시대가 되었다. 교육과정에서 어떤 선택과 집중을 할 것인지는 충분한 논의가 필요할 것이다. 선택이 있는 자리에는 배제가 남고, 배제된 자리에는 타협 혹은 설득과 승복이 따라야 하기에, 논의와 타협을 할 때는 서로 상대에 대한 존중과 예의를 갖추는 세련된 사회가 되었으면 하는 바램이다. 그리고 자라나는 우리의 아들, 딸들에게 꾸준하고 세심한 관리가 필요한 시점이란 생각이 많이 든다.

# 5.
## 아버지와 "즐거웠던" 이곳에서

내게 아버지는 친구이자 스승이었다.

다양한 지식과 여러 방면의 재능과 끼, 그리고 유머로 함께 하셨고 모든 것을 나에게 물려주려 하셨다.

아버지는 당신의 나이 58세에 돌아가셨다.

아버지는 내가 고시공부를 한창 하고 있을 때, 내가 검사가 먼저 되는지, 당신이 먼저 교장이 되는지 내기를 하자고 하셨다. 7년 뒤에는 당신도 꼭 교장이 될 수 있다고 하셨다.

그 약속을 하고 7년이 되지 않아 나는 검사가 되었지만, 아버지는 교장이 되기 직전 교감 선생님으로 재직하다가 돌아가셨다. 내가 검사가 된 2009년 다음 해 2010년의 일이다.

운동을 좋아하시던 아버지가 교직원 배구대회에서 토너먼트로 우승까지 진출하는 바람에 너무 무리한 것으로 어머니는 생각하신다. 아버지는 간이 좋지 않아 절대 무리하지 말라는 경고를 받은 상태였다. 평소 술도 드시지 않고 건강을 잘 지키려고 노력하셨는데 좋아하시던 배구 경기가 매번 우승으로 토너먼트 꼭대기까지 가는 바람에 무리하게 뛰시다 갑자기 건강이 나빠지셨다고 생각하고 계신다. 어쨌든 최종 결승 경기까지 이겨 우승했고, 결혼한 여동생이 첫째 아이를 낳자, 직접 운전해서 서울에 가셔서 외손자까지 보고 가셨다.

돌아오는 길에 걱정이 된 어머니가 직접 운전을 하겠다고 했지만, 아버지는 고집을 꺾지 않고 잡은 운전대를 놓지 않으셨다.

창원으로 돌아오시고 난 뒤 아버지는 몸이 좋지 않으셔서 검진을 했더니 급성 간경화였다. 위급상황이라 서울의 병원으로 갔다가 간 이식을 알아보던 중 돌아가셨다.

당시 58세라는 요즘 시대에서는 말도 안 되는 젊은 나이셨다.

사람들은 위로 삼아, 그래도 자식들 결혼 다 시키고, 첫 손주들 얼굴까지 다 보고 할 일 다 하고 가셨다고 한다.

"선한 사람이라 이 세상에서 해야 할 것 다 하고, 손주들 다 보고 가셨다."

우리 아들을 너무 좋아하셨던 아버지는 손주 사랑이 지극하셔서 아들을 데리고 창원 집을 방문하는 날이면 하루에도 몇 번씩 차가 도착하지는 않았는지 밖을 내다보시곤 했다고 한다.

평소 아버지는 내게 몇 가지는 꼭 당부하셨는데, 남들한테 가능한 모든 것을 베풀고, 남들에게 상처를 주거나 손가락질 받을 일은 하지 말라는 것이었다.

집안의 둘째 아들이었던 아버지는 어렸을 때부터 아이들을 좋아해서 초등학교 교사가 되겠다는 꿈을 가지셨고, 마산교대를 다니는 중에도 구두닦이나 소년가장 등 형편이 어려운 아이들을 상대로 야학교사로도 활동하셨다.

지금도 삼촌들은 그 시절을 회상하면서 아버지와 함께 마산 창동 시내를 걸어가면 구두닦이나 신문 배달하는 아이들이 '선생님' 하면서 고개 숙여 인사를 했었다고 한다.

첫 부임지를 받아 야학교사도 이제 곧 그만둘 수밖에 없던 어느 날, 아버지는 야학에서 가르치던 제자들 10여명을 집으로 데리고 와서 저녁을 먹이고 잠을 재웠던 적이 있었다.

기약 없는 작별일 테니 마지막으로 따뜻한 밥과 따뜻한 잠자리를 제공하고 싶으셨던 듯하다.

그렇게 자고 일어났더니 온 집안이 난리가 났다고 한다. 아버지의 야학 제자들이 새벽에 할아버지, 할머니 집에 있던 고가의 물건들을 모두 훔쳐 달아나 버린 것이었다. 특히 바로 아래 동생(지금 양산에 계신 숙부님)이 애지중지하던 일제 카메라까지 훔쳐가 버린 바람에 아버지께서 너무 마음 아파하셨고, 가족들도 한동안 아버지를 원망했다고 한다.

그때는 창원의 전답을 팔아 마산에 집을 지어 살고 있어 가정 형편이 괜찮았으니 그렇게 나눠도 된다고 생각했던 것일까. 아니면 아버지가 베풀었던 대가를 바라지 않는 호의는 허공에 외친 메아리에 불과했던 것일까.

아버지는 그날 집을 나가서 며칠간 방황했었다고 한다. 그날 술에 만취해서 담장을 넘어 집으로 들어오다가 할아버지에게 걸려서 집을 나간 이후 며칠간 외박도 하셨다고 한다.

아버지는 야학 제자들에 대한 원망의 마음은 가지지 않으셨고 오히려 그렇게 밖에 행동할 수 없었던 그들의 거칠고 힘든 상황을 생각하셨으리라. 그럼에도 교육자시니 옳고 그름의 행위에 대해 제대로 밝히고 이끌어주시는 일은 포기하지 않으셨으리라.

그러한 쓰디쓴 경험에도 아버지는 나에게 살아가면서 항상 나보다 곤란한 사정에 있는 사람, 나보다 약하고, 도움이 필요한 사람을 도와주라고 말씀하셨다. 어린 시절 아버지의 이런 말씀들은 나에게 항상 주위를 살펴서 내가 남들보다 가진 것이 많음을 알고, 어려운 사람들을 돕고 베풀 줄 아는 따뜻함을 잊지 말라는 뜻으로 다가왔다.

그렇게 나는 자연스럽게 아버지로부터 다른 사람들과 어울려 사는 삶, 그리고 리더십에 대한 자세를 배운 게 아닌가 싶다.

아버지의 마지막 유언은,

"내 아들딸로 태어나 너무 잘 해줘서 고맙다. 너희가 있어서 행복했다. 너희들이 나를 대단한 사람으로 만들어주었구나, 고맙다"이셨다. 아버지는 마지막 유언에서도 다른 질책이나 부탁은 없이 자신의 삶을 자식들에 대한 기쁨과 고마움으로 돌리셨다. 그때 아버지에게 오히려 아버지를 만나 행복했다고, 고마웠다고 말하지 못한 것이 두고두고 후회가 된다. 나의 아버지, 나의 어머니여서 내가 얼마나 고마운지, 그것을 표현하지 못한 것이 늘 가슴 한켠 짐으로 남아있다.

무뚝뚝한 경상도 사나이지만, 나는 가족들에게 표현을 더 해야겠다고 생각한다. 지금도 어머니에게 술 취한 척하며 어머니를 안아드리며 사랑한다고 가끔 솔직하게 마음을 드러내곤 한다. 그러면 어머니는 또한 '세상에서 하나뿐인, 천금같은 내 새끼'라고 해주신다. 어릴 때처럼.

아버지가 돌아가시기 직전에 어머니 아버지 두 분이 밀양에 가신 적이 있는데, 나는 초임지인 대구에서 차를 몰고 밀양에 가서 두 분을 뵈었다. 그때 창원으로 돌아올 때, 아버지는 어머니가 운전하는 차가 아닌 내 차를 타시겠다고 고집을 피우셨는데, 그 부분을 지금도 서운해 하신다.

"나 하고 있을 땐 세상에서 나를 가장 사랑한다고 하더니, 나보다 아들이 더 좋았던 게지."

세상과의 이별, 아들과의 이별이 얼마 남지 않았다고 직감하시던 그때, 아버지는 특별한 말씀은 없으셨다. 나의 일상에 큰 일은 없는지, 주변에 혹시 서운해하는 사람은 없는지 그런 소소한 것들로 대화를 채우셨다. 그리고 살아보니 별 것이 없다시면서 세상에 태어난 것을 감사하고, 주위에 많이 베풀며 살라는 말씀을 하셨다. 내가 다른 이들보다 많은 것을 가진 사람이니 주변을 돕고 보살피고 살라는 말씀을 덧붙이면서…

나는 천성적으로 사람들을 좋아하고, 여러 사람과 어울려 사람들의 마음을 합쳐 성과를 내는 것을 좋아한다. 사람들과 함께 어울려 지금보다 조금 더 나은 성과를 내는 것, 조금 더 나은 삶을 사는 것, 그러한 느낌이 들 때, 나는 행복하다.

많은 사람의 마음을 모아 최선의 길로 함께 나아가는 것이 삶의 방향이라면 아버지의 가르침과 유지가 내가 지금 나아가려 하는 방향과 같은 것은 아닐까?

나는 갈림길에 섰다.

한 번도 가보지 않은 길로 접어들려는 지금 이 시점에, 아버지의 따뜻한 목소리를 들을 수 있다면 얼마나 좋을까? 아버지가 계셨으면 내면의 작은 고민까지 덜고 대화를 나누면서 더 확신에 차서 갈 수 있지 않을까, 큰 아쉬움이 남는 것은 어쩔 수가 없다.

# 6.

## 친구

고등학교 시절부터 사귀어 온 친구들이 있다.

팔도(참고로 이 별명은 내가 지었다, 오토바이를 샀던 그 친구가 전국의 조선팔도를 돌아다닌다고 지은 별명인데, 요즘은 점점 내가 그렇게 되어 가는 듯하다), 명자, 김태 등 본명을 촌스럽게 각색한 이름으로 부르는 친구들이다. 그 친구들도 나를 상태라고 부른다는 점은 앞에서 언급한 바와 같다.

특별한 이벤트가 없어도 같이 있는 것만으로도 웃음이 나오는 친구들, 어린 시절 추억의 장면을 한 단어만 꺼내어도 줄줄이 자기들이 가진 기억 한 자락을 덧붙여서 그 추억이 공통으로 소환되는 친구들이다.

각자의 영역에서 바쁘게 지내는 시기라 자주 보지는 못하지만, 만나기로 한다면 특별한 이유 없이 그곳이 어디든 가리지 않고 세상 끝까지라도 달려갈 수 있는 친구들이다.

몰디브로 신혼여행을 간 첫날, 한껏 부풀어 있는 아내에게 여기에, 친구

누구, 누구와 같이 왔으면 더 좋았겠다고 말하는 바람에, 결혼생활 내내 아내로부터 원망을 듣고 있는 것을 보면 내게 친구들이 정말 소중한 존재들은 맞는 것 같다.

아리스토텔레스는 사람들은 친구를 사귈 때, 이익, 쾌락, 그리고 선을 위해서 친구를 사귄다고 하였다. 요즘 사람들과의 만남에 있어 정말 이해관계 따지지 않고 만나는 친구들이 있을까라는 생각을 많이 하게 되는데, 수천년 전 아리스토텔레스의 통찰이 놀랍다.

사회에 나온 이후, 각종 모임이나 직장, 동호회 등에서 많은 친구들을 사귀게 되었지만, 대부분 이익을 위한 관계가 많다. 쾌락이나 즐거움까지 함께하는 친구들도 있는 것 같지만, 선의 추구를 위한 만남은 찾기가 쉽지 않다.

그렇다고 해서 포기할 수는 없는 것 아닌가?

한명 한명 독립된 개체로서 각자의 삶 앞에서 고군분투하는 인간이라는 존재는 근원적으로 외로울 수밖에 없다. 외로운 인간은 자신을 그 자체로 이해해 주는 사람, 친구를 찾기 마련이다. 나 또한 친구라는 이름으로 길고 외로운 여정을 함께 할 수 있는 존재들이 있다는 것이 얼마나 고맙고 기쁜 일인지 모른다. 그들이 옆에 있어서 나는 행복한 사람이다.

내 고등학교 친구 중에도 법조계로 진출한 친구들이 꽤 있다. 한창 진로에 대해 고민이 많은 시기였던 고등학교 때 친구들이 내가 법조계로 가는 것을 보고 뒤늦게 결정하기도 했다. 특히 내가 중학교 때부터 '나는 검사가 되겠다' 말하고 다닌 데다 실제로 그것을 현실적으로 이루어 나가는 모습을 보고 친구들도 도전했을 것이라고, 진지한 추측을 하고 있다.

비교적 이른 시기에 성공한 나의 여정을 보고 자극이 되었는지, 내 친구들

상당수가 법조계로 진로를 바꾸어 현재는 로스쿨을 졸업하여 판사, 변호사 등으로 활동하고 있다. "법은 빵(밥)을 위한 학문"이라는 비판을 받지만, 어엿한 법조인이 되어 법을 생업으로 삼고 생활하고 있는 것이다.

이렇게 친구들이 법을 전문으로 하는 사람이 많다 보니 우리가 가입된 단톡방에서는 종종 법률적 논쟁이 벌어지기도 한다. 나름 법조 경험이 쌓일 대로 쌓인 경력자들이고 또 아무런 이익 관계에 얽혀 있지 않으니 오로지 논리와 법률적 지식에 기반하여 진행되는 치열한 토론을 하곤 한다. 돈으로는 사기 힘든 값진 내용의 토론인 경우가 많다. 법에 대한 다양한 관점의 시각을 제시하기 때문이다.

하지만 요즘은 바쁘다는 핑계로 그 단톡방의 질문들을 꼼꼼히 읽지 못하고 지나치는 경우가 종종 있다. 그럴 때면 또 마음속으로 미안한 느낌이 든다. 그들의 행복이 진정한 나의 행복인 관계, 친구가 사심 없이 잘되기를 바라는 관계가 아리스토텔레스가 말하는 선을 추구하는 친구 관계가 아닐까.

다시 아리스토텔레스의 이야기로 돌아가면, 선의로 만나는 친구는 젊었을 때는 서로 잘못을 저지르지 않도록 도와주고, 나이가 들었을 때는 여러 가지 주변의 일을 보살펴 주며, 힘이 약해졌을 때도 서로 할 수 없는 일을 대신 해 준다고도 하였다.

일리아스에서 "둘이 함께 가면"이라고 표현한 것처럼, 친구들과 함께한다면 사람들은 다양한 각도로 깊이 생각하고, 더 신중하게 행동할 수 있게 된다고 하였다.

그러면서도 서로에게 선한 관계에 있는 친구는 그렇게 많이 사귈 필요도 없고 사귈 수도 없다고 하였다.

선함에 기반하지 않은 대부분의 인간관계는 어떻게 하는 것이 좋을까?

이익이나 쾌락, 혹은 즐거움을 위한 관계로 만나는 사람들에게는 자신이 감당할 수 있는 범위 안에서 그런 관계로 대하면 되지 않을까?

나는 직업 때문에 가끔 주위에서 부탁 아닌 부탁을 받는 경우가 있다.

자신의 사건이 사법 체계 내부에서 돌아가는 상황에 대해 단순하게 정보를 알고 싶어서거나 아니면 노골적인 선처나 이익을 위해 나를 만나려 하는 것일 수도 있다.

하지만 이 사적인 영역이 공적인 관계로 나아가면 상황이 복잡해진다. 법은 이 공적 관계를 엄격히 규제하기도 한다.

어느 날 어머니로부터 전화를 받았다. 어머니는 평소 아들이 바쁘다고 전화조차 마음대로 하지 않으신 편인데 어느 정도 긴박하거나 중요한 일이 있는 것이라 생각했다.

내용인즉, 사촌 언니 아들의 조카에게 법률적 문제가 생겼으니, 아는 한에서 상담을 해주라는 말씀이다.

법률 상담 정도야 내 사적인 법률 지식을 활용하는 일이니, 흔쾌히 전화를 받고 이런저런 조언을 해주었다.

일반적으로 아주 소소한 문제라도 법적인 문제가 생기면 당사자들은 인생의 큰 위기라고 여기게 되고 놀라게 된다. 그래서 지인이나 가족들을 통하여 나에게까지 문의를 해오는 경우가 많다. 대부분 법에 대한 지식이 없는 상태에서 처음 겪는 일이기에 조그마한 조언이라도 해주면 고마워하고 감사하다는 분들이 대부분이다.

하지만 그 사적 영역 너머의 일을 바라는 경우가 종종 있다.

흔히 말해 그 분야에 내 직위나 힘을 이용할 수 있지 않느냐는 무언의 기대를 하고 부탁하는 경우도 가끔이지만 있다. 어떤 형태로든 그것은 엄연히 법을 지키는 사람에게 법을 위반하라는 일이고 개인적으로도 몹시 불쾌한 일이다.

이처럼 도저히 들어줄 수 없는 부탁을 하거나, 본인들이 원했던 결과가 나오지 않아 분노하는 모습을 보이면, 그때부터는 안타까움을 느끼던 일도 서로 무례하거나 뻔뻔하다고 생각하게 되고 상대는 나를 무성의하고 배려 없는 사람이라고 생각하게 된다.

이런저런 일들을 겪다 보면 아직 일반인들의 경우 법과 법 체계에 대한 지식이 부족한 만큼 법의 시스템에 대한 신뢰가 부족하다고 생각하곤 한다. 또한 이런 어려운 일을 당했을 때 제대로 된 상담을 받을 수 있는 시스템이 올바로 작동하는지 의문을 품게 되기도 한다.

모든 분야에는 그 나름의 시스템이 있고, 체계와 순서를 밟아 나가는 것인데, 나도 법조계에 있는 한 사람일 뿐, 한 사안 너머에 있는 외부인에 불과할 뿐이다. 거기에 대해 뭐라 하기 힘들다는 것을 사법계 너머에 있는 사람들은 납득하려 하지 않는다. 외부인의 힘과 눈으로 무리하게 어찌해보려는 시도는 시간과 노력만 낭비할 뿐만 아니라 전체 시스템에 교란을 일으키는 행위이다. 엄연히 사적 영역을 넘어서는 공적인 일에까지 나를 통해 자신의 이익을 도모한다면 그것은 과감히 끊어야 할 일이다. 일단은 법을 지키는 입장에서 법을 부정하는 행위이다.

그래선지 나이가 들수록 사회에서 다양한 사람들을 만나는 일에 한층 조심스러워진다.

최근에 전청조 사건이 대한민국을 뒤덮고 있는데, 통장에 50조가 들어있다는 내용을 보여주면서 허영심을 부추기는 사건이라 그냥 보기에는 황당하지만, 나에게도 그렇게 접근했던 사람이 있었다. 연예인이나 유명인에 대한 호기심이 크던 초임 검사 시절, 화가 출신이면서 강렬한 퍼포먼스로 알려진 방송인인 N 씨의 남자 친구라는 사람과 우연한 자리에서 만나 합석하게 되었고 그 이후로 상당 기간 친분을 이어간 적이 있었다.

그는 자신이 전직 대통령의 6촌 조카라고 하면서 어느 하루는 일본에 있는 500억 상당의 미술품을 가져오는 작업을 해야 하는데 기존 물류비용 명목의 돈이 필요하다고 말하면서 자신의 통장에 50억이 들어있는 것을 나에게 보여주기도 했었다. 경험이 많지 않았던 검사이고 그런 돈을 보여주면 혹하여 본인에게 더 잘해 줄 것이라는 생각에 그런가 보다 했는데, 나중에 알고 보니 그건 본인이 문자메시지를 위조하여 통장 잔고를 조작한 것이었다.

당시 막 서울에 와서 출근하던 시기라 더 당황했던 것으로 기억한다.

검사도 속이려는 세상이니, 사기꾼들이 참 다양한 방식으로 세상을 산다고 생각하면서 가슴을 쓸어내렸다. 그나마 나는 소소한 술값이나, 택시비 같은 것만 부담했을 뿐, 큰 피해를 입지는 않았지만 가만 생각해 보면 과연 내게서 이러한 이익만 필요해서 접근했던 것일까, 의문스러웠다. 혹시 이런 사람 저런 사람 잘 안다는 세 과시용, 혹은 사기행각의 한 장치로 쓰이지 않았을까, 생각하게 되는 계기가 되었다. 그가 어디 가서 나를 팔아 검사가 친구라며 또 다른 사람에게 피해를 입히지나 않았는지 지금도 걱정이 된다. 그래서 나도 소위 말하는 셀럽이나 연예인에 대한 일반적으로 가지는 호기심 때문에 그 사람과 만남을 이어갔던 것에 대해서 반성하는 계기가 되었다.

이처럼 나는 순수한 의도로 사람을 만나고 싶어 하지만 상대방이 다른 의도를 가지고 접근해서 이용해 먹으니 새삼 사람 사귀는 것에 조심스러워진다.

요즘은 서울에서 혼자 지내는 시간이 많아지다 보니, 예전에 있었던 일들에 대한 생각이 많아진다. 10명의 범죄자를 놓치더라도 1명의 무고한 사람을 죄인으로 만들지 말라는 법언처럼 10명이 행복해하더라도 1명이 내 행동으로 불행하고 외로워하지 않았으면 좋겠다고 생각한다.

　사람 만나는 일도, 이견을 조율하는 과정도, 그리고 최종적으로 인생을 살아가는 모든 과정에서 그러한 외로움과 소외된 사람이 생기지 않도록 노력하겠다고 생각해 본다.

# 7.
## 나의 이력은
## 수구초심(首丘初心), 각득기소(各得其所)

    나의 군대 생활이라 할 수 있는 공익법무관으로서 고향 창원에서 지냈던 2년, 사회에 나와서 친구도 만나고 결혼에도 성공(?)한 그 시간은 참 소중한 시기였다. 2008년에 결혼을 하고 법무부 국가송무과에서 1년을 근무하게 되면서 창원을 떠나 서울로 올라오게 되었다.

    병아리 법조인으로서 법무부에 근무하게 된 것은 큰 행운이자 기회였다. 법무부는 국방부와 함께 부처의 이름이 한 번도 바뀌지 않은 부처이다. 그만큼 정의를 실현하는 부서로서 역할이 명확하고, 부처의 전통도 확실한 곳이다. 그렇게 법무부에 근무하면서 법무부와 국회, 대한민국 정부가 돌아가는 시스템을 엿볼 수 있는 큰 기회가 되었다. 한 번도 경험해 보지 못했던 다양한 경험을 할 수 있었고, 능력 있고 인품이 훌륭한 검사님들을 옆에서 보면서 꿈을 키워나갈 수도 있었다. 개인적으로 유익하고 영광스러운 시간이었다.

창원 생활과 서울에서의 1년. 그렇게 3년간 공익법무관 생활을 마치고 2009년 1월에 검사로 임용이 되었다. 검사로 임용이 되었다는 전화를 받던 그 날은 특별한 날이다. 2009. 1. 18. 정확히 나는 그 날을 기억한다. 아들이 태어나서 아들을 안고 있을 때 전화가 울렸기 때문이다. 아들이 태어난 날, 검사로 임용통보를 받은 역사적인 날이 그 날이다.

나는 고향에 근무해 보고 싶었다. 하지만 실제 발령은 대구지검으로 났다.
하지만 그 시절부터 몸은 멀리 있어도 마음은 언제나 고향을 향하고 있었다. 늘 뼛속 깊이 창원 사람이라 생각해 왔기 때문이다.

지금도 고향 창원을 자주 오고 간다. 할아버지 대부터 터 잡은 곳이기도 하고, 또 내가 태어나 자란 곳이라 그렇기도 하지만 무엇보다 지금은 홀로 된 어머니와 집안 친척들이 계시고 그에 따른 크고 작은 행사들이 늘 생기곤 한다.
아버지가 계셨을 때는 아들 된 입장으로 큰 역할도 없이 더 가벼운 마음으로 창원을 들락거렸지만, 지금은 집안에서 하는 결정에 내 의견을 내야 할 때도 많다. 어쨌든 그때나 지금이나 내게 고향은 따뜻한 곳이고 힘을 얻곤 하는 곳이다.

검사들은 2년 단위로 임지를 옮겨 다닌다. 전혀 연고가 없는 곳에 가기도 하고, 심지어 지명도 들어본 적이 없는 곳에 근무하기도 한다. 의성지청장으로 부임했을 때도 정확한 의성의 위치를 처음으로 찾아본 기억이 있다. 여기저기 떠돌아다닐 수밖에 없는 직업이라면 집이 있는 곳이거나 마음이 편한 고향 근처가 좋겠지만, 그것이 쉽게 그리 되지 않는다. 결국, 내가 가는 곳이

제2의 고향이라 생각하고 그곳의 사람들과 마음을 나누면서 정을 붙이고 최선을 다해 그곳 사람이 되는 것이 중요하다. 나도 내가 근무한 포항과 의성을 제2, 제3의 고향이라고 생각한다.

여우가 죽을 때 머리를 자신이 살던 굴 쪽에 둔다는 수구초심처럼 마음은 늘 고향에 두고 있지만, 나의 쓰임에 따라 그곳이 내가 있어야 할 곳이라 생각하고 맡은 자리에서 최선을 다한다는, 각득기소를 실천할 수밖에 없는 것이다.

초임지였던 대구지검은 여러 쟁쟁한 검사들이 거쳐 간 곳이라 "검사 사관학교"라고 소문난 곳이었다. 대구라는 도시 자체가 자존심이 굉장히 센 곳이었고, 대구지검에서 초임검사로 시작되어 총장이나 장관이 되신 분도 많았다. 대구지검 초임검사로 부임했을 당시에 특수부장으로 계시던 분이 윤석열 대통령이셨다. 윤석열 대통령께서도 대구지검 초임이시고, 초임으로 부임하셨을 당시 형사1부장으로 모시던 분이 정상명 전 총장님이셨다. 대구지검이 검사들의 사관학교로 불리는 이유가 있었다. 그런 곳에서 첫 직무를 익힌다는 것은 개인적으로 기쁜 일이었다.

초임검사 시절에는 한동안 간단한 사건만 맡았다. 주로 소년사건 관리 방안이나 범죄예방을 위한 통계분석, 그리고 각종 행사를 기획하고 보도자료를 내고 행사를 주최하는 일도 그 때 처음 접할 수 있었다. 아직 아무것도 모르는 햇병아리 검사로서 부부장님이나 수석님이 하는 사건을 옆에서 보면서 언젠가 나도 저런 굵직한 사건들을 하리라 다짐을 하곤 했다.

마침 지도해 주시던 부부장검사님께서 국외 훈련을 가시면서 재배당을 받게 되었다. 열정과 호기심 반반으로 두꺼운 사건들을 꼼꼼하게 살폈고, 초임

검사임에도 성공적으로 수사한 사례가 생기면서 대검에서 우수사례로 여러 차례 선정되는 등 인정을 받는 계기가 되었다.

특히 합의금을 받기 위해 차용관계가 없음에도 신도들을 상대로 사기죄로 고소한 다음, 합의금 명목으로 거액을 갈취하였던 사이비교주를 무고죄로 재수사하여 검찰 단계에서는 본인이 범죄자가 되어 구속까지 시켜내면서 피해자 가족들로부터 가정의 파탄을 막아주어 고맙다는 취지의 감사 편지까지 받았고, 지역 언론에 취재가 되기까지 하는 등 초임검사임에도 큰 성과를 낼 수 있었다.

2학년(검사들은 임지를 옮길 때마다 1학년, 2학년으로 칭하기도 한다) 임지인 포항지청에서는 지방선거와 대선이 겹쳐진 선거기간이었는데, 혼탁한 선거 관리 감독을 위해 울릉도에 출장을 가서 한 달간 생활하기도 하였다. 청도군수 선거 과정에서 혼탁한 선거로 인해서 사람들이 여러 명 자살하고 구속되는 등 전국적으로 선거 관리에 관심이 높던 시기였다.

울릉군수 선거도 상황은 녹록치 않았다. 당시 보궐선거로 울릉군수를 뽑는데 유권자가 9천명인데, 4명이 입후보를 했다. 단순 계산을 해도 군민 2500표 이상만 얻으면 당선될 수 있는 상황이었고, 300~400표 정도만 표를 사면 무조건 당선이라는 말이 돌아다니고 있는 상황이었다. 선거 한 달을 앞두고 온 가족이 울릉도로 들어가야 했는데, 묵을 공간도 없어서 울릉도 범방위원집 다락방에서 월세를 내고 머물렀다. 딸이 태어난지 6개월도 안 되었을 시점인데, 네 가족이 한방에서 자면서 딸이 자다가 깨면 기저귀를 갈고 다시 잠들곤 했다.

그때는 제발 무사히, 아무런 일도 터지지 않고 선거가 치러지기만을 오매불망 바라던 때였다. 울릉군청 강당에 후보자들 및 지역 유권자들을 불러 놓고 자살자가 4,5명 나오고, 구속자가 5-60명이나 나온, 청도군수 사건 예를 들면서 선거범죄가 얼마나 무거운 범죄인지, 법을 위반하는 사람이 생겨서는 안 된다는 경고를 하러 다니기도 바빴다.

진심으로 선거기간 동안 제보나, 신고가 접수되지 않기를 바랐다. 선거날이 다가왔고 다행히 무사히 지나가는 듯했다. 그런데 선거 바로 전날, 그것도 저녁 무렵이었다. 한 통의 제보 전화가 왔다. 누가 울릉도 사동 지역에서 봉투에 돈을 넣어 돌린다는 제보였다.

우리 검사실 계장님들, 사무실 직원들과 선관위 직원들은 모두 모여 회의를 했다. 걱정이 이만저만이 아니었다. 바로 내일이 선거날인데, 이 일의 파장이 어디까지 미칠지 알 수가 없었다. 제보를 받았음에도 제보를 무시할 수도 없었고, 현장을 덮치자니 선거에 어떤 파장이 미칠지 예측이 어려운 상황이었다. 포항지청 지휘부에 급히 문의를 하니, 대검찰청의 결심을 받자는 답변이 왔다. 울릉도에서 직접 대검찰청 공안부에 연락을 드렸다. 대검에서는 총장 보고 등을 거쳐서 답을 주겠다고 하여 답을 기다리고 있는데, 추가 제보 전화가 왔다. 이제는 돈봉투를 모두 돌리고 고개를 넘어 다른 지역으로 이동하고 있다는 것이었다. 이제는 고개를 넘어 가는데 여기서 못 잡으면 완전히 놓치게 된다는 전화였다. 난감한 상황이었다. 대검에서는 아직도 연락이 없다.

결국, 우리는 고개를 가로막고 단속을 하기로 했다.

압수수색을 할 수는 없으나 선관위 직원들의 자료 제출권이 있으니 우리 검찰 팀은 뒤에 빠져서 백업을 하고, 선관위 직원들 중심으로 차를 세워 확인해보기로 했다. 우리는 각자 차를 나누어 타고 고개를 지나 산 고개 길목에서 기다렸다.

　해는 지고 어두운 산길 사이로 정말 화물차 한 대가 다가왔다.

　"늦게까지 고생이 많으시네요. 어디 갔다 오세요?"

　하고는 선관위 직원들이 차를 세우고는 인사를 건넸다. 그러자 볼 일이 있어서 일을 보고 넘어가는 길이라는 대답이 왔다.

　"어디서 불법으로 봉투를 돌린다는 제보가 있던데, 차를 좀 살펴봐도 괜찮은가요?"

　하면서 차를 샅샅이 살펴보았다. 그러나, 돈 봉투는 결국 나오지 않았다.

　대검으로부터 결정도 받지 않은 상태에서 먼저 차량 수색을 해 버렸으니, 이제부터가 문제였다. 대검에서 빨리 단속해 보라는 연락이 오기만을 기다렸다. 그렇게만 되면 기다렸다는 듯이 그렇지 않아도 급박해서 먼저 단속을 했다고 보고를 하면 되는 터였다. 그러나, 웬걸, 대검에서는 선거일이 너무 임박했고, 단속 자체가 선거에 영향을 줄 수 있으니 단속하지 말라는 것이 아닌가? 난감했다. 결국, 대검에는 알았다고만 말씀드리고, 우리가 차량을 세워 확인을 하였다는 보고는 하지 않았다. 허위보고는 아니지만 보고를 안 한 셈이다.

　몇 달 뒤 공안검사 워크샵이 있어 양평의 펜션에서 공안1과장님을 만났다. 공안1과장님은 나를 보자마자, '아 그 때 울릉도에서 그 차량 단속해 봤으면 뭐라도 나왔을 것 같은데, 너무 아쉬워'라고 하는 것 아닌가? 나는 "예, 예"라며 어색한 웃음을 지을 수밖에 없었다.

　그렇게 포항지청에서 지내다가 미국 캘리포니아 데이비스라는 곳에서 1년 6개월간 국외훈련을 마치고, 2015년 2월 법무부 검찰국 형사법제과로 발령

받게 되었다.

형사법제과는 형법 형사소송법 등 형사 관련 주요 법령은 물론이고 형사처벌과 관련된 모든 법령에 대해서 검토하고 국회에 의견을 내는 부서였다. 법령을 개정하는 일부터 법을 만들어 달라고 부탁하고 설득하러 다니는 업무를 맡게 된 것이다. 3년간 그렇게 국회를 정말 자주 다녔다. 검사는 사건을 수사하고 사람을 소환하는 직업이다. 소위 말하는 관(官)이다. 보통 일반적인 회사에서는 대관업무를 하는 직급을 두는데, 대관업무 대상 중에 검찰이나 법원도 포함되어 있다. 기존의 검찰 업무는 대부분 소위 갑의 입장에서 업무를 하는 것이었다면 법무부 형사법제과의 업무는 법령의 제개정을 막거나 부탁하는 일이니, 뻔질나게 국회에 가서 국회의원 보좌관 등을 상대로 부탁하고 설득하는 대관업무와 비슷한 업무를 하게 된 것이다.

한번은 식사 중에 국회 보좌관으로부터 대관업무는 언제부터 맡아서 하고 있냐는 얘기를 들었다. 내가 꽤나 능숙해 보였던 모양이다. 대관업무 비슷한 업무를 하고 있다는 생각을 하긴 했지만, 막상 그 얘기를 들으니 느낌은 묘했다.

처음 여의도 국회를 방문했을 때 국회 의사당 건물의 크기와 규모에 압도를 당했던 기억이 있다. 미국 의사당 건물보다 더 커서 그 위압감에 더 주눅이 들기도 했던 것 같다.

3년 내내 의사당을 다니면서 여름에는 제대로 된 그늘이 없어서 무척 덥고, 겨울에는 또 살을 에는 듯한 칼바람이 불어와 추웠던 기억이 난다. 바람과 더위를 막아줄 수 없는 한강에 둘러싸인 허허벌판이나 다름없었다.

그렇게 열심히 국회를 다니면서 많은 사람들과 교류하다가 2016년 후반부터 우리를 대하는 기류가 달라지기 시작했다. 현직 대통령에 대한 무수한 언론기사와 국회 탄핵 등으로 정치상황이 급변하면서 기존에 호의적이던 국회 사람들이 모두 냉담해지더니 나중에는 적대적으로 변해서 무척 힘들었던 기억이 있다.

 아무도 우리를 만나려 하지도 않았다. 어느 한 곳 우리의 의견을 제대로 받아주지 않았고 등을 돌려, 우리는 마치 실직한 사람처럼, 거래처를 잃은 직원처럼, 갈 곳도 없어서 길거리에서 시간을 보냈다. 커피숍에 죽치고 앉아 풍찬노숙하는 듯한 생활을 6개월 가까이 지속했다.
 검찰개혁을 대선공약으로 내건 정권이 들어오면서 법무, 검찰은 적폐청산의 대상이자 공공의 적이 되었다. 아무도 검찰의 목소리는 들으려 하지 않았다. 대관팀이라고 놀리면서도 우리의 얘기는 들어주었는데, 어느새 거리를 떠도는 찬밥 신세가 된 것이다.
 그 당시 지금 야당 국회의원 중에는 본인이 검찰 조사를 받았다는 이유만으로 노골적으로 면박을 주거나 고함부터 지르는 보좌관들도 많았다. 그럴 때면 법무부 검찰이라는 직위를 떠나 한 인간으로서 모욕감을 느끼기도 하였다.
 그동안 위압적이고 친절하지 못했던 법무검찰에 대한 불만의 표시라고 볼 수도 있지만 기본적으로 사람에 대한 배려와 존중이 없다는 점이 많이 아쉬웠던 기억이 있다.

 2018년 2월, 3년이라는 긴 시간 법무부 근무를 마치고 다시 일선 검찰청으로 복귀하였다. 미국에서 국외훈련 1년 6개월, 법무부 근무 3년, 검사로서 4년 6개월 동안이나 사건기록을 못 보고 서울중앙지방검찰청이라는 전국 최고의 검찰청으로 복귀하였으니, 첫 출근날은 검사로 첫 출근하는 날만큼

이나 가슴이 벅차올랐다. 서울중앙지방검찰청은 일선 검찰청 중에 하나지만 많은 검사들이 꼭 근무를 해 보고 싶어하는 최고로 선호하는 곳이다. 그만큼 복잡하거나 중요한 사건도 많다. 대검찰청 중앙수사부가 역사의 부침을 겪다가 사라져 버린 이후에는 명실상부 최고 화력을 자랑하는 곳이기도 하다.

서울중앙지검 형사 7부에서 기록에 푹 파묻혀 살다가 6개월도 지나지 않아 특수 3부로 보직을 이동하게 되었다. 특수 3부에 근무하면서 사법행정권 남용 사건, 조국 전 법무부장관 사건 등 수사팀에서 수사를 맡게 되었다. 많은 분들이 수사팀에서 어떤 일들이 있었는지, 수사 과정에서 다른 어려움은 없었는지, 당시 내가 모시던 윤석열, 한동훈 이러한 분들이 어떤 식의 수사 지휘를 하고 어떤 결단을 하셨는지 매우 궁금해 할 것을 알고 있다. 그 부분을 어떻게 기술하였는지를 확인하기 위해 이 책을 구입하신 분들도 꽤 있을 것으로 예상된다.

전국을 흔들고 국민을 양분시켰던 사건의 수사팀에서 있었던 일을 여기서 상세히 밝히면서 관심을 주목시키는 것은 검사로서 바람직한 자세는 아닌 것 같다. 다만, 수사팀에서 수사과정이 매우 고난하고 외로운 과정이었으며, 새벽 2~3시에 퇴근해서도 잠을 자지 못하여 뒤척인 적이 많다는 것이다. 당시 수사팀 검사들이 많았지만 모두들 나와 같은 상황이었을 것이다. 토요일에도 출근을 하였는데, 조국 수호 집회가 서초동에서 매주 토요일에 열리는 상황이었다. 9월이긴 하지만 더위가 가시지 않아 창문을 열지 않을 수 없는 상황이었는데 창문을 열면 도저히 아무 것도 할 수 없을 정도로 집회 소음이 들렸다. 창문을 닫고 수사에 집중하려고 하였지만, 집회에 참가한 사람들이 지르는 함성에 창문이 떨릴 지경이었다. 집회 인원이 검찰청으로 진입하여 수사기록을 불태우게 되면 과연 막을 수 있을까? 하는 걱정도 하던 시기였다. 많은 국민들이 지켜봐 주고 있었지만 서슬퍼랬던 권력이 출범한지 얼마

되지 않은 시점이 아니었던가?

 그때 수사한 사건들은 재판이 확정된 사건들도 있지만, 현재도 재판이 진행되는 사건도 있다. 현재 진행형인 것이다. 해당 사건들에 대한 평가는 훗날 역사에 맡겨두려고 한다. 언젠가 시간이 흘러 수사팀에 있었던 사람이 하는 말이 큰 반향을 일으키지 않는 시기가 오면 그때는 나도 옛날을 회상하면서 그 시절 얘기들을 할 수 있지 않을까?

 나는 첫 부장검사 보직을 지청장으로 근무하는 행운을 누렸다. 대구지검 의성지청은 의성, 청송, 군위 등을 관할하는 작은 지청이다. 경북 의성도 의령이나 사량도 못지 않은 시골이었다. 그곳에서는 엄정한 검찰권 행사보다는 친절하고 다가가는 검찰권 행사를 목표로 다양한 교류 행사를 하였다. 그렇게 만나서 친하게 된 많은 분들과 지금도 교류하고 있다.
 작은 지청이긴 하였지만, 한 지역을 관할하는 기관장으로서 책임의 영역이 넓어져 무엇 하나 소홀할 수가 없었다. 특히 1년 동안 청소년 범죄예방에 신경을 쓰면서 관내 고등학교, 중학교를 다니면서 청소년범죄, 특히 도박이나 마약 등에는 절대 나서서는 안 된다는 메시지를 전달하였다. 울릉도에서의 선거 관리의 경험을 살려서 군위군수 선거와 관련하여서는 '선거범죄 즉각 대응팀'을 구성하여 깨끗한 선거를 치르기 위하여 선제적으로 활동하였다. 당시 군위군수 선거는 박빙의 승부였는데, 금품, 비방 선거로 사람들을 구속하면서 선거가 지나치게 과열되는 것을 방지하기도 하였다.

 정권이 바뀌면서 새로운 행정부가 구성되었고, 나도 서울로 다시 올 수 있게 되었다. 대검찰청 공판2과장으로서 다양한 업무를 경험할 수 있었다. 기관장으로서 보직이 아닌 검찰총장을 보좌하는 참모부서로서의 역할이었다.

개인적으로는 법무부, 대검, 서울중앙지검 등 검사들이 모두 선호하는 보직에서 모두 근무하는 행운이 온 것이기도 했다.

평검사가 아닌 부장검사가 되면 우리는 직업이 바뀐다고 말하기도 한다. 그만큼 평검사들이 눈코 뜰 새 없이 바쁘다는 반증이기도 하다. 부장검사도 하루 종일 기록을 보기는 하지만, 수사를 통하여 기록을 만드는 작업과 이미 만들어진 기록의 하자 여부를 점검하는 것은 업무 강도를 비교할 수 없다. 평검사로서 사람들을 조사하고, 압수수색이나 체포, 구속 등 강제수사를 하는 것은 부담스럽고 힘든 일이지만 그만큼 보람 있고 성취감이 있는 일이기도 하다. 부장검사로 승진한 동료들 중에서는 필드에 뛸 때가 그립다고 말하는 사람들도 종종 있다.

그동안 검사로서 과거에 있었던 일들을 밝혀서 억울함을 풀어주기도 하였지만 이제 그러한 검사로서의 무거운 짐을 내려 놓고 변호사로서, 동네 아저씨로서, 편안하고 친근한 형으로서 사람들을 돕는 길로 나서려고 한다. 인생의 방향을 크게 바꿔야 하는 시점이 왔음을 직감한다. 검사로서 전국을 돌면서 고향도 자주 가지 못하고, 그리운 어머니와 친척들을 자주 보지 못하였지만, 검사라는 공직을 벗어놓고 이제야 비로소 고향으로 돌아가게 되었다. 나는 또 다른 사람들과의 관계 속에서, 여태와는 다른 관점으로 우리 사회를 바라보고 사람들을 만나게 될 것이다.

# 8.
## 그곳의 사람들

내가 희망하던 고향 쪽으로는 매번 갈 수 없었지만, 또 내가 간 그곳이 살 만해지는 것은 그곳에 있는 사람들 덕분이다. 늘 그렇지만 함께 일하고 고생한 사람들은 잊을 수가 없다. 어디를 가든 결국 사람들이 마음에 남는다.

특히 포항에서 근무할 때 같이 근무했던 직원들 중 기억에 많이 남는 사람들이 있다.

가족들보다 더 오랜 시간 같이 지내면서 한마음 한뜻으로 정말 열심히 일하고도 피곤한 줄 몰랐던 시절이었다.

오죽했으면 그분들께 포항에서 계속 근무할 수만 있다면 그분들이랑 평생 같이 근무하였으면 좋겠다는 말을 자주 하였던 기억이 난다. 나는 지금도 그들을 떠올릴 때면 어쩔 수 없이 웃음을 띠게 된다.

A계장님은 수사도 잘 하였지만 모든 면에서 열정이 넘치는 분이었다.

당시 나는 포항지청 축구동호회 회장으로 근무하면서 수비를 안정적으로 잘 보시는 계장님께 꼭 같이 포항지청 대표로 나서서 프로스컵(검찰총장기 축구대회)에 참가해 보자고 설득하였다. 계장님은 처음에는 반신반의 하였지만 결국 나의 설득에 넘어가 나는 공격수로 계장님은 수비수로 열심히 한 끝에 결국 포항-경주 연합팀이 대구지검 본청팀을 누르고 전국대회에 출전하여 4강까지 오르는 쾌거를 거두기도 하였다. 최종수비수로서 계장님의 든든한 활약이 없었으면 불가능한 얘기였다.

일도 똑 부러지게 잘했는데, 사무실 이사할 때도, 기록을 정리할 때도, 장기 미제 처리를 할 때도 일목요연하고 꼼꼼하게 처리하여 나를 놀라게 하였다. 정말 최고의 밥상을 차려오는 최고의 요리사였다.

다만 한가지 술이 좀 약하다는 것이 아쉬운 점이었다.

큰 수사를 마치면 사무실 회식을 하면서 다들 얼큰하게 취하도록 술을 마시곤 하였는데 분위기를 깨기 싫었던 계장님도 동참하여 같이 드시다가 안에서 솟구치는 그 무엇을 배설하러 가는 일이 종종 있었다.

한번은 소변기만 설치된 술집에서 술을 마시고 있었는데 오늘도 아니나 다를까 급히 화장실로 직행하셨다. 그리고는 다 토하고 나왔다가 이실직고를 하셨다.

이후 나도 화장실을 이용해야 될 상황이라 마음을 굳게 먹고 화장실에 들어갔다. 방금 A계장님이 소변기에 거사를 치르셨기에 분명히 상상하기 싫은 끔찍한 장면이 펼쳐질 것이 불 보듯 뻔했다. 안 갈 수도 없고 할 수 없이 눈 질끈 감고 화장실에 들어갔는데 아니 왠 걸? 화장실이 예상 밖으로 깨끗한 것이 아닌가? 소변기가 막히기는커녕 토한 흔적도 없었다.

"계장님, 소변기가 막히지도 않고 깨끗하던데요. 어떻게 하셨어요?"

나는 화장실서 나오자마자 계장님께 묻지 않을 수가 없었다. 계장님 왈,

소변기 밑에 있는 하수구 뚜껑을 잠시 벗겨내고 거기에 오물을 처리(?)를 한 다음, 다시 그 뚜껑을 덮어 두었다는 게 아닌가? 그 와중에도 소변기를 하수구처럼 쓸 수 있었던 계장님의 아이디어가 갑자기 부러웠다. 나는 A계장님의 이런 부분이 항상 좋았다. 모든 면에 최선을 다하는 부분, 평소에도 아이디어가 번쩍였고 일 처리도 능수능란하셨다.

또 한분의 계장인 B계장님은 내가 포항에 갔을 때는 8급 수사관으로 계시다가 이내 7급 계장으로 승진을 하셔서 수사관으로 나와 같이 근무하게 되었다.

포항의 오랜 토박이로서 포항에서 벌어지는 사건이나 정보들에 대해서 모르는 것이 없었다. 우리 팀에서 이룬 쾌거, 사이비기자 사건도 B계장님이 범죄정보를 가져오셔서 시작하게 된 사건이었다. 오랜 경험에 바탕한 수사 능력도 탁월하고 또 성실하신 분이었다.

B계장님의 사모님께서는 어린이집을 운영하고 계셨는데, 우리 집 아이들도 그 어린이집에 보냈다. 아들은 막 3살이 되었고 딸은 포항에서 태어나 아장아장 걷기 시작할 무렵이었다.

B계장님은 검사실에서 나를 돕고 사모님은 어린이집에서 우리 애들을 봐주시니 세상 부럽지 않게 마음이 든든했다. 부부 두 분이 모두 가족처럼 고마운 사람들이었다.

검사실의 바쁜 업무 중에서도 계장님을 통해서 전해 듣는 아들, 딸의 깨알 같은 이야기는 그날 하루를 행복하게 했고, 나보다 더 아이들을 걱정해 주시는 든든한 지원군이 있어서 검사로서 집중도 더욱 높아질 수 있었다. 든든한 기분에 항상 힘이 나기도 했다.

대부분 내 아들과 딸의 칭찬이셨지만 아들이 가끔씩 수업 시간에 졸고 있다는 얘기를 들었을 때는 웃음을 참을 수 없었다. 고작 서너 살에 불과한 꼬맹이가 얼마나 활기차게 놀았으면 짧은 수업시간도 못 참고 잠들 수 있을까 하는 생각도 들었다. 그것을 증명이라도 하듯, 하루는 아들 녀석이 응가를 위해 화장실 변기에 앉아 있다가 잠이 들어있는 모습을 사진으로 담아와서 서로 돌려보고는 또 한참을 웃기도 했다. 두 분의 안팎의 도움으로 우리 가족들이 몹시도 행복했던 시절이었다.

또 한 사람의 팀원인 C수사관은 내가 공안 업무를 담당하고 있어서 특별히 우리 방에 배정된 수사관이었다. 영민하고 똑똑하여 검사실 업무에 크게 보탬이 되었다. 나이 차이도 나랑 얼마 나지 않아 친구처럼, 형제처럼 다양한 이야기를 나누면서 즐거운 추억을 많이 쌓았다.
지금도 가끔씩 연락하면 아직도 나를 검사님이라 부른다.
포항에서 근무한 이후로 어느덧 10년 이상의 시간이 흘러 청장님, 과장님, 부장님 등으로 다들 부르고 있었지만 오직 C계장님 만큼은 나를 계속 '검사님'이라고 부르는 게 좋다고 했다. 그만큼 검사로서 많은 일을 하고 보람과 열정도 컸던 시절이었다. C계장님과 사모님은 사내 커플이다. 포항지청에 근무하시는 미모의 실무관님이셨는데 나중에는 애를 셋이나 낳으셨다. 가끔씩 지청에 애들이 놀러 오곤 했던 기억이 난다.

D실무관님은 나랑 나이가 동갑인 여자 실무관님이었다.
육아휴직을 갔다가 막 돌아오셔서 처음에는 주어진 일을 낯설어하셨는데, 날이 갈수록 업무처리 능력이 너무 좋아지셔서 포항에 있는 내내 실무적으로 나를 가장 많이 도와주셨다.
말씀은 없는 편이셨지만 일이 아무리 많아도 싫은 내색 한번 보이지 않으시는 천사 같은 분이셨다.

 그렇게 가족같은 사람들과 보낸 포항지청 시절이 가끔은 그립다. 2021년 의성지청장으로 근무하던 시절, 나는 포항을 방문하여 그분들을 다시 만났다. 그분들은 여전히 그곳에 있었고 변하지 않고 행복한 모습이었다. 의성으로 초청하여 같이 식사를 하기도 하였다. 그들에게서 받은 은혜를 생각하면 평생의 큰 인연으로 계속 잘 지내야 되는 분들이다.

천주산 진달래

성주사

3부

# 타인의 죄를
# 묻는 자리에서
# 장자에게
# 위로 받다

## 1.
## 초임 검사 시절
- 서류의 세계를 열정과 호기로 넘나들다.

 흔히 선량한 사람을 "법 없이도 살 사람"이라고 한다. 소송이 흔해진 요즘은 사법 시스템을 이용하는 것을 일종의 서비스로 생각하는 경향이 있지만 예전에는 아무래도 사법의 문턱은 높았다. 일반인은 민원서류를 발급받기 위해 법원 민원실에나 가지 재판정 앞에 설 일이 그리 많지는 않을 것이다. 그러나 요즘 들어 부쩍 서로 소송을 걸고 당하는 일이 많아졌다. 좋든 싫든 법적 분쟁에 휘말릴 확률이 높아졌다.
 모든 전문 분야에는 그 고유의 언어나 사고체계와 기능하는 시스템이 있다. 법 또한 마찬가지다. 일반인들에게는 언어나, 논리 구조나 사고체계, 그리고 절차 등이 낯설어 일의 진행 방향과 자신이 처해진 상태가 가늠이 되지 않아 답답해하거나 그 결과에 승복하지 못하고 억울해 하는 경우가 많다.

 사법의 세계는 기본적으로 서류, 문서가 기능하는 곳이다. 말보다는 기록으로 대화를 나누고, 서류가 효력을 발휘한다. 그래서 소송에서는 기록과 서류에 신경을 써야 한다. 그래서 법으로 접근하려면 자신의 행위를 증명할 수 있는 행적을 서류와 문서 형태로 남겨놓아야 한다.

이는 검사라고 다를 것이 없다. 수많은 사건들을 서류와 기록의 형태로 접하게 된다.

내가 신임 검사 시절 주로 처음으로 한 일 또한 각종 사건기록과 서류를 다루는 일이었다. 단순한 사건 하나를 수사할 때에도 성의를 다해서 조서를 받고, 수사보고서를 읽으면서도, 또 작성 중인 공소장의 문구 하나에도 신경을 써야 한다. 특히 외부로 발송되는 피해자에 대한 안내 문구나, 진정인에 대한 통보 문구 등은 외부의 사람들이 검찰을 바라보는 첫 느낌일 수 있으므로 그 조차도 신중하고 성의를 가지고 만들어야 했다.

특히 구속기록을 볼 때는 영장이 불법 구금은 아닌지, 판사의 서명날인은 제대로 되어 있는지 꼼꼼히 살피고 그 너머의 의미와 숨어 있는 일의 앞뒤 순서를 추정해가며 입체적으로 들여다보아야 한다.

내가 처음으로 맡은 사건도 고소인의 진술 기록에 대한 의문에서 출발하였다.

사기로 접수된 사건이었고 경찰조사 결과 혐의없음으로 넘어온 사건이었다. 그런데 수사 기록의 양이 엄청났다.

담당부장검사가 해외유학을 가면서 나에게 재배당된 사건으로, 같은 교회에 다니는 신도들 간에 고소한 사람을 다시 고소한, 복잡한 사건이었다. 그래서 조서의 양이 많았다. 내가 맡은 사건이 아님에도 나는 이 교회 사람들이 서로 고소한 내용들을 종합적으로 꼼꼼하게 전부 다시 들여다보았다.

교회의 여자 목사가 같은 교회에 다니던 여신도를 사기로 고소한 사건이었다. 그런데 돈거래가 있었다고 하는데, 차용증만 있고 통장 거래 내역에서 돈의 인출 내역이 없었다. 그럼에도 경찰 수사에서 혐의가 없다고 잠정 결론이 난 상태의 사건이었다. 그런데 고소를 당한 여자 신도의 자백 기록을 꼼꼼히 보니 여자 신도가 말하길 차용증은 진짜가 아니며 실제 현금 3000만원 거래는 없었는데 신도인 자신의 남편에게서 합의금을 뜯어내려고 목사가 고소한 거라고 주장한 내용이 보였다. 뒷받침할 서류는 없었으나 확인할 필요성이 있어 보였다. 그래서 다시 수사를 하게 되었다.

알고 보니 이 사건은 교회 목사가 여신도에게 빌려주지도 않은 돈을 핑계삼아 공무원인 여신도 남편의 신분적 약점을 이용해 합의금을 뜯을 목적으로 먼저 고소한 사건이었다.

이 사이비 교주와 그 일당이 사이비 교회를 운영하면서 교회 신도인 피해자의 남편이 공무원인 점을 악용하여 피해자를 상대로 지속적으로 금전을 갈취하여 오다가 그것도 모자라 차용증을 근거로 사기죄로 고소까지 하면서 합의금을 요구하기까지 하였다.

이에 나는 고소인, 피고소인, 당시 교회의 신도들, 교회 운영 당시의 자금 상황, 교회와 관련한 문건 등을 철저히 분석하여 위 고소인들의 고소가 허위라는 점을 밝혀내었고 이들을 무고죄로 엄단 하였다.

이처럼 최우선적으로 영장을 비롯한 여러 서류 자료를 종합적으로 분석하고 의문이 드는 점은 꼼꼼히 확인할 필요가 있다.

때때로 사건의 종합적인 전망을 위해서는 수사와 신문이 필요하다.

수사와 신문에 대한 이야기가 나와서 기억나는 일이 있는데, 나는 초기에 꽤나 열정적이고 호기로운 검사였다.

초임검사 시절, 처음 뵙는 부장검사님과 단체로 회식을 하면서 술을 마시며 관례로 내려오는 폭탄사를 내가 하게 되었다.

그때 나는 말단인 주제에 층층이 선배들 앞에서 호기롭게 건배사를 날렸다.

"검사가 전투기라면 검사가 장악하고 있는 각종 수사기법은 전투기에 장착된 최신 무기라고 생각합니다. 앞으로 많이 배워서 최정예 전투기로 다시 태어나겠습니다"

다소 건방진 말로 폭탄사를 하였다.

그때 부장검사님이 나의 그 치기 어린 호기를 받아주었다.

"오~ 이거 아주 무서운 괴물 검사를 만났네."

하면서 술잔을 들었다.

지금 생각하면 부장검사님은 우리 초임 검사들의 기세를 북돋아주기 위해 다 받아주신 듯하다.

나 또한 나름 신임 검사 시절, 수사 노하우를 쌓기 위해 열심히 노력을 했다.

수사를 할 때는 가능한 모든 자료를 총 동원해야 한다. 통신 영장을 직접 청구하여 발부받고 그 내용을 분석하고, 또 계좌추적을 통하여 관련 혐의를 구증하여 증거자료로 제출해야 하고 가능하면 압수수색도 해야 한다.

수사기법을 익히고 이를 각각의 경우에 따라 적절하게 적용하는 수사 능력은 많은 경험과 함께 쌓이는 것이고, 이렇게 생긴 수사능력은 검사의 큰 자산이다. 이런 능력은 선배 검사나, 같이 일하는 수사관들, 그리고 주위의 모든 사람들에게서도 항상 배우려고 해야 한다.

패기만만한 초임 시절이 지나 어느덧 후임을 거느린 입장에서, 나는 이제 각종 수사기법을 장착한 최신 정예 전투기 같은 법의 무기가 된 것일까? 폭탄주를 마시며 날린 그날의 선언과도 같은 폭탄사처럼.

그날의 그 마음은 변함이 없으나 전투기가 적진을 돌파하며 폭탄을 투하하는 무기로만 작동하는 것이 아니라는 것을 알게 되었다. 적절한 폭격과 예리한 탐지가 필요한 전투기처럼 검사의 직무도 "적절함"에 더 중점을 두고 있다.

이를테면 법조계에서 흔히 말하는 '칼로 찌르되 비틀지는 말라'고 한 것처럼 정도를 벗어났을 때 멈출 줄 아는 지혜가 더 중요함을 요즘 들어 절실히 느낀다.

일을 하다 보면 열정을 넘어 집착이 생기지만, 때로는 잘못된 길로 접어들었을 때는 그것을 인지해야 하고 또 승복할 수 있어야 한다.

한때 《브레이크 없는 벤츠》라는 제목의 책이 나와서 한동안 유행어처럼 쓰인 적이 있다.

자서전 제목이었으니 좋은 뜻으로 쓴 말이었다. 이 말은 불의와 타협하지 않는 강직함을 강조한 표현이었다. 그러나 말은 바로 하자. 아무리 벤츠라도 브레이크가 없으면 탈 수 없다. 타는 순간 사고는 필연이다. 브레이크 없는 벤츠는 불량품이고, 폐기 대상일 뿐이다.


"한 마리 준마의 힘은 그 말이 적당한 때에 딱 멈추어 설 수 있는가를 보는 것뿐이다. 이 외는 더 이상 알아볼 것도 없다. 지각이 있는 사람들 중에서도 가끔 줄기차게 말하다가 그만 끊고 싶어도 그러지 못하는 것을 본다."

이 말은 몽테뉴가 《수상록》에서 쓴 말이다.

자동차가 없던 시절 뛰어난 말을 알아보는 방법이 역시 잘 달리는 것도 중요하지만 멈출 때 멈출 수 있는 말이 뛰어난 말이라는 의미이다.

노자도 이와 비슷한 말을 했다.

노자(老子)의 도덕경에서 '만족할 줄 알면 욕을 당하지 않고, 멈출 줄 알면 위태롭지 않으니 가히 오래 갈 수 있다.'라는 뜻으로 지족불욕(知足不辱) 지지불태(知止不殆) 가이장구(可以長久)라고 했다.

  화려한 수사기법과 저돌적으로 돌파하는 추진력보다 요즘은 얼마나 적절한가, 혹시 내가 잘못 가고 있지나 않은가, 알면서도 아집에 빠진 것은 아닌가, 더 경계하게 되는 것이다.

## 2.
## 포항에서 만난 이상한 형제

2012년 6월 1일, 검사실에 한 통의 전화가 걸려 왔다.

기자를 사칭한 L○○이 포항지역 사람들을 협박하여 돈을 뜯어낸다는 제보 전화였다. 바로 수사에 착수하기로 하고, 6월 5일 피해자 2명을 불러 조사를 했다.

피해자 중 한 명인 ○○○는 시외버스터미널 인근 모텔에서 나오다 L○○이 자신이 모 신문사 기자라면서, '당신 지금 불법 성매매를 한 것이 아니냐'며 위법행위를 폭로할 것이라고 겁박하며 돈을 내놓으라 했다는 것이다. 피해자는 L○○에게 두 차례에 걸쳐 입막음으로 400만 원을 주는 피해를 입었다고 했다.

또 한 명의 피해자는 "당신이 P 건설에서 돈 받은 것을 알고 있다. 그것은 뇌물이 아니냐? 부당하게 얻은 돈이니 그 돈을 같이 나누어 쓰면 누이 좋고 매부 좋은 거 아니냐."

고 말을 하면서 돈을 내놓으라고 협박을 했다. LOO는 피해자를 자신의 에쿠스 승용차 안에 태운 상태에서 300만 원을 빼앗았다.

피해자들은 첫 조사에서는 LOO 기자가 경미한 처벌로 풀려나면, 자신들에게 앙심을 품고 보복할까봐 피해 사실을 부인하였다. 하지만, 이러한 사례가 지속되면 LOO의 협박의 굴레에서 벗어날 수 없을 것이라는 점을 설득하여 피해 진술을 받아낼 수 있었다. 결국, 피해자들의 진술을 받아냄으로써 체포영장과 압수수색 영장을 받아낼 수 있었다.

이 무렵, LOO도 자신에 대한 첩보가 검찰청에 접수된 사실을 알고, 수사기관의 추적을 피해 도주하기 시작하였다. 몇 번 잠복시도를 해서도 잡을 수 없었고, 체포영장의 유효기간은 만료되고 있어 불안한 마음이었다. 검사실의 계장님들이 실시간 위치추적을 통해 LOO의 위치를 계속 전송받고 있었다. 2012년 6월 8일은 금요일이었다. 당시 포항지청에서는 금요일마다 검사들이 검사실에 있는 직원들과 같이 점심식사를 했다. 마음은 급해도 밥은 잘 먹어야 된다는 생각에 당시 포항에서 개장한 지 얼마 되지 않은 '빕스'라는 뷔페집으로 갔다. A계장님께서 접시에 맛있는 음식을 가득 담아서 한술을 뜨려는 순간, 계장님의 전화기에 알림이 왔다. LOO이 자동차를 타고 우리가 있는 곳으로 오고 있는 것이 아닌가? 베테랑 수사관의 촉은 정확했다. 지금 만약 놓치면 체포에 장기간이 소요될 것임을 직감한 계장님은 즉시 젓가락질을 멈추고 알림 동선을 따라 이동했다. 차 대로변에서 불법 주차를 한 상태에서 전화 통화를 하고 있는 피의자 LOO을 체포할 수 있었다. 체포와 동시에 승용차와 사무실을 압수 수색하였다.

압수 수색한 결과, LOO의 기자 수첩에는 정말 지저분한 정보들이 많았다. 공갈 협박범에 걸맞는 정보력이었다. 특히, 이 기자의 수첩에서 P 건설 직원

4명 및 피해자 KOO로부터 금전을 갈취한 정황과 갈취 금액을 송금받은 내역이 있었다. 또, 대구고검 디지털포렌식 팀에서 복원한 LOO의 휴대 전화 녹음파일에서 피해자와 L, P 건설 직원들과의 전화 통화 녹음내용을 확보하였다.

　LOO은 직접 만나보니 덩치도 산만큼 크고 온몸에 문신을 하고 있어 사람들이 눈을 마주치기도 두려워할 만해 보였다. 거친 말투와 우락부락한 생김새가 전형적인 조폭 출신으로 보였다. 2011년 9월경 모 신문사에 기자로 등록한 것을 계기로 건설 현장에서 발생하는 비리나 사회의 유력한 사람들의 약점을 잡아 이를 빌미로 기사화하겠다는 취지로 협박하여 돈을 뜯어내는 방식이었다. 광범위하게 사람들을 만나면서 알게 된 P 건설 직원들의 수상한 현금거래에 대해 알게 되면서 돈을 받은 사람과 준 사람 모두를 협박하여 돈을 뜯어내고 있었다.

　조사할수록 사건은 점점 복잡해지고 금액의 규모도 점점 커져갔다. 이들의 방식은 정말 성동격서라고 할 수 있었다. 하청업체의 대표가 P 건설 중견간부 4명에게 1억 상당의 금품을 상납하고 하청을 받고자 하였으나, 자신의 회사가 부도가 나게 되자 앙심을 품고, 이러한 사실을 LOO에게 흘려 지속적으로 협박하여 위 직원 4명으로부터 1억 6,500 만원을 도로 갈취한 정황이 드러났다. LOO의 갈취 범행도 중요했지만, 위 4명이 받은 돈도 모두 부정한 돈이었다. 결국, 공갈죄의 피해자였던 P 건설 간부들도 모두 구속되었다.
　사이비라고 볼 수밖에 없는 LOO은 혼자서 범행한 것도 아니었다. 그에 동조하는 공범이 있었다. 공범은 LOO이 근무하는 신문사의 부장으로, LOO과 결탁하여 일부 금액을 나눠 쓰기도 하였다. 그 공범은 LOO을 해당 신문사에 취직시켜 준 장본인이기도 했다.

당시 언론의 관심을 끈 이 사건은 포항지역에서는 유명했던 사건으로, 처음 신문사 기자를 사칭하는 사이비 기자가 선량한 사람들을 협박하여 금품을 갈취한 사건에서 출발하여, 나중에는 대기업의 후진적인 하청구조관계와 이로 인한 비리와 금품 착취 관행을 눈앞에서 확인하는 계기가 된 사건이었다.

국내 굴지의 대기업인 P 건설에 근무하는 직원들이 자신들의 우월적 지위를 남용하여 하청업체로부터 약 1년 남짓한 기간 수천만 원을 관행적으로 상납받았고 이 때문에 재무구조가 취약해진 하청업체가 도산에 이르게 되었고, 그 비리 구조가 사이비기자 등에게 노출되면서 또 다른 비리 사슬을 형성한 사건이었다. 하도급 비리이면서 언론 사칭 비리가 결합된 사건이었다.

우리 팀은 이 일련의 사건을 "사이비 기자 사건"이라 불렀는데(구속영장을 심문할 당시에 내가 L○○에게 사이비 기자라고 칭했다는 이유로 L○○으로부터 엄청난 항의를 받았다. 자기는 사이비가 아니라는 것이다. 정식으로 등록된 기자이고, 신문사에서 직책을 맡고 있다는 주장이었다.) 딱 한 달의 기간 동안 4명에서 이루어낸 쾌거였다. 우리 팀은 밤잠을 줄이고 조그만 단서에도 새벽에 달려 나오는 등, 엄청나게 열정적으로 몰아치듯 일을 했지만, 지치는 줄 모르고 열심히 달리던 시절이었다.

성과도 좋았지만, 한마음 한뜻이 되어 일을 한다는 것이 얼마나 큰 효과를 발휘하는 것인지를 알게 된 사건이라서 지금도 이때의 수사경험이 생생하다. 손발이 착착 맞는다는 게 무엇을 말하는 것인지, 눈빛으로 서로 대화를 하는 것이 어떤 것인지 체험할 수 있었다.

나는 검사실에서 항상 이러한 말을 달고 살았다. "우리 방은 검사도 3명, 수사관도 3명이다"는 말이었다. 검사로 사무실을 지키고 있기보다는 사람을 직접 불러 조사를 같이 했고, 수사관들도 영장을 작성하거나 영장 심문사항을 예상해서 답변을 쓰기도 했다. 수사보고도 같이 만들고, 공소장 수정도 같이 돌려보는 식이었다. 검사가 하는 일, 수사관이 하는 일, 실무관이 하는 일이 구분될 수 없고 그 상황에서 일을 가장 빠르게 잘 처리할 수 있는 사람이 해당 역할을 하면 그 사람이 곧 검사고 수사관이라는 취지였다. 이때 함께 일했던 포항의 팀원들과는 최고의 팀워크를 발휘했던 것으로 기억한다. 그 팀이 함께 뭉치면 어떤 큰 사건도 해결할 수 있을 것이라는 자부심이 있었다.

포항지청에 근무할 때까지만 해도 수사검사로서 아쉬운 소리를 할 때도 없었다. 국회의원에 대한 공직선거법 위반 사건을 조사할 때에도 보좌관들에 대한 조사 일정을 일방적으로 통보하고, 그들의 면담 요청도 바쁘다는 핑계로 거절하는 일이 잦았다. 그런데 모든 검사들이 선호하는 법무부를 갔더니 완전히 상황이 역전되어 있었다. 법무부 검사로서 보좌관이나 비서관들에게 한 번만 만나서 우리 얘기를 들어봐 줄 것을 간청하는 을이 되어버렸다. 법무·검찰의 민원을 설명하고 법 개정 필요성을 요청하거나 법안 통과를 막아달라고 요청하는 것이 법무부 검사의 제일 우선 업무였다. 하루 빨리 수사할 때의 기억을 벗어나 적극적이고 낮은 자세로 바뀌지 않으면 안 되었다. 시간이 변함에 따라, 본인이 처한 위치에 따라 이렇게 모든 입장은 변한다. 리더십과 팔로우십을 동시에 가져야 하고, 언제든 낮고 겸손한 자세로 일을 하는 것말고는 다른 답안지가 없다는 생각을 자주 하게 된다.

사이비 기자 사건의 비하인드 스토리가 있다. 사이비 기자 사건을 해결하고 난 후, 난 몇 개월 뒤에 미국으로 유학을 가게 된 상황이었다. 미국 유학을 떠나기 전, 뭔가 의미 있고 실적이 될만한 사건이 없을까 고민을 하게 되었다. 그러던 중 반복적으로 무면허 운전한 사건들이 여러 건이 있는 것을 알게 되었다.

"검찰에서도 무면허 운전자들 단속 한번 해볼까요?"
 내 말에 김OO 계장님이 솔깃한 표정으로 말했다.
"어떻게요?"
"계장님, 무면허 운전으로 걸린 이 사람들한테 검찰에서 조사를 받아야 한다고 소환통보를 해보시죠. 아마 이 사람들 중에 틀림없이 검찰청에 오면서도 차를 몰고 오는 사람들이 있을 겁니다. 그 사람들 뭐 타고 오는지 한번 바깥에서 지켜보세요."

그러자 사무실 계장님은 세 명의 피의자에게 전화를 돌려 소환통보를 했다. 그들은 이미 무면허에 걸려 있는 상태여서 운전을 할 수 없는 사람들이었다.
아니나 다를까 나의 예측은 정확히 맞아 떨어졌다. 사업체를 운영하면서 좋은 차를 타는 사장님께서 차를 몰고 저 멀리 포항지원 주차장에 차를 주차해 놓은 것이다. 그것을 확인하려고 밖에 나갔던 계장님으로부터 다급한 전화가 걸려왔다. 검사님, 진짜 차를 몰고 왔는데요?
그렇게 검찰청에까지 무면허운전으로 운전을 해 온 사람을 입건하게 되었다. 사실 무면허운전 자체로 사람을 구속까지 하지는 않는다. 하지만 여러 번 무면허운전을 하는 사람이 수사기관에 출석하는 순간까지 무면허운전을 하는 것은 엄벌하여 법의 단호함을 알릴 필요가 있었다. 결국, 기존의 무면허운전과 검찰에서 단속된 무면허운전까지 합쳐서 구속영장을 청구하게 되었다.

미국으로 떠날 날이 얼마 남지 않았지만, 모든 사건에서 최선을 다해야겠다는 생각에 구속전 피의자심문에 참석하기 위해 법원에 출석하게 되었다. 그런데, 이게 누구인가? 법정 앞에 내가 6개월 전에 구속했던 LOO이 복도에 있는 것이 아닌가? 수사기관에서 끝까지 부인하던 LOO은 피해자들과 합의의 끝에 집행유예를 선고받고 외부에 출소해 있었다.
내가 물었다. "LOO씨, 여기는 어쩐 일이세요?" 그러자 LOO이 말했다.
"아, 검사님 오랜만입니다. 검사님도 참 우리 집안이랑 악연입니다. 오늘 영장 청구한 LOO 이 놈이 제 동생입니다."라고 하는 것이 아닌가?

순간적으로 당황하지 않을 수 없었다. 형제가 모두 구속될 처지라니…
나는 안타까운 마음에 "아니, 친동생이라고 왜 말을 하지 않았어요, 제가 LOO씨를 구속했지만, 우리가 그동안 정도 많이 쌓였잖아요, 무면허운전이 꼭 구속해야 될 중범죄도 아니구요"라고 했더니 LOO가 말했다.
"아이고 검사님, 제 동생 저 놈은 정신 좀 차려야 됩니다. 잘해주실 필요 없어요, 꼭 엄벌해 주십시오."라고 하는 것이었다. 결국 구속영장은 발부되었고, 구속된 LOO 기자의 동생 LOO를 검사실에 소환하였다.
"LOO씨, LOO 기자 동생분이셨어요? 어디선가 안면이 있다고 했는데, LOO 기자 동생인 줄 몰랐습니다. 형이 얼마 전에 우리 검사실에서 구속되었다는 말씀을 왜 안 하셨어요? 어머니가 아시면 저를 얼마나 미워하겠습니까?"

그러자 그 동생의 대답이 또 가관이었다.

"검사님, LOO씨 그 놈 사람 안 됩니다. 무슨 그런 놈이 형이라고, 그렇지 않아도 김 검사님 방에서 구속된 거 알고 있었는데, 형이라고 하면 좋을 거 하나도 없을 것 같아서 일부러 말씀 안 드렸습니다."

형제의 일이나 집안의 복잡한 사정은 알다가도 모를 일이다. 형제 둘이 6개월 사이에 모두 구속이 되고, 같은 검사를 통해서 구속이 되다니... 참으로 얄궂은 운명이라는 생각이 들었다.

# 3.
## 자백
### - 게임이론, 죄수의 딜레마를 이용한 수사기법

경제학에서 이익 나눔을 둘러싼 그 참여자들의 역학관계를 연구한 게임이론은 1944년에 발간한 존 폰 노이만(JohnvonNeumann)과 오스카르 모르겐슈테른(OskarMorgenstern)의 〈게임이론과 경제 행태〉란 책에서 개념이 제시되었다. 이들은 게임 참여자들을 두 사람으로 상정하고 서로 경쟁하는 관계이며, 제로섬게임이라 알려진 협조와 비협조에 따른 결과가 한 사람이 보상의 전부를 가져가고, 다른 사람은 완전한 손실로 끝나는, 적대적 게임의 모형을 만들었다

이후 다양한 변형의 실험 뒤에, 1990년대 존 내쉬에 의해 제시된 죄수의 딜레마라는 게임이론에서는 협상이라는 조건을 넣어 협조, 비협조의 선택조건을 넣어 상대의 반응에 따른 선택의 다양성을 실험을 해서 결과를 도출했다. 경제학이 곧 인간심리에 바탕을 두고 생존조건을 걸어 여러 가지 시뮬레이션을 돌려보고 예측과 전망을 해보려는 다양한 시도 중의 하나이다.

검사의 입장에서 "죄수의 딜레마"라는 게임 모형 전개는 여러 면에서 재미있었다.

가끔 수사를 하다 보면 직접 눈으로 확인할 수 있는 여러 요소들이 있었기 때문이다.

공범이 둘이고, 서로 의사 교환을 전혀 하지 못한다는 전제 아래서 이 실험은 성립된다.

두 명의 용의자가 집단 패싸움 현장에서 모두 체포되었다.

경찰은 현장에서 직접 목격한 비교적 가벼운 폭행 혐의에 대해서는 확실한 증거를 가지고 있고, 이는 이들 모두에게 징역 일 년형에 처해질 수 있는 사건이다. 하지만, 경찰은 이들이 폭행 과정에서 조직폭력배를 동원하고 흉기를 사용했기에 좀 더 무거운 범행의 요소가 있다는 것을 의심하고 있는 상황이다.

경찰이 이 두 용의자를 각각 분리하여 다른 방에서 심문하면서 따로 제안을 한다.

조직폭력배 동원 및 흉기 사용을 자백할 경우, 자백한 사람은 수사에 협조한 대가로 무혐의로 석방하고, 부인한 사람에게는 9년의 징역형을 부과할 것이며 만약 두 사람 모두 자백하면 두 사람은 각각 5년형을 받을 것이라고 한다.

물론, 법의 형기는 이 둘이 끝까지 조직폭력배 동원과 흉기 사용을 부인하면 증거가 없어서 가중처벌할 수 없기 때문에 1년형에 처해질 수밖에 없다.

과연 혐의자들은 어떤 선택을 할까? 이러한 상황을 게임이론으로 정리한 것이 죄수의 딜레마이다.

여기에다 게임이론을 대입시켰을 때, 혐의자 A의 입장에서 만약 B가 혐의를 부인하는 경우, A도 부인하면 1년 형을 받게 되고, 조폭을 동원하고 흉기를 사용했음을 자백하면 본인은 석방된다. 결국 이 경우에 A가 취할 수 있는 가장 유리한 전략은 무혐의가 되는 자백이다. 반대로 B가 혐의를 자백하고, A도 자백하면 5년 형만을 받지만, 만약 A가 혐의를 부인하고 B가 자백해버 린다면 A는 징역 10년형을 선고받게 되는 것이다. 즉, 이 경우에도 A의 입 장에서는 자백하는 것이 유리한 전략이다. 따라서, A의 입장에서는 B의 자 백 여부와 상관없이 본인에게 유리한 전략은 무조건 자백하는 것이 좋다는 결론이 나온다.

이처럼 자백을 하면 유리해지기 때문에 결과적으로 두 죄수는 모두 자백 하고 5년형을 선고받는다.

이러한 상황에 대해 존 내쉬는 참여자 모두 자신의 이익만 생각한다면 둘 다 불이익을 받는 쪽의 균형 상태를 가진다고 하면서 이를 "내쉬 균형"이라 고 명명하였다. 즉, 내쉬는 자신의 선택이 상대방의 의사결정에 영향을 미치 고, 동시에 자신도 상대방의 전략에 어떻게 영향을 받는지를 감안해서 게임 참여자가 내릴 수 있는 최종결정 과정에 대해 이론적으로 설명하였는데, 참 여자들 모두가 상대방이 어떤 선택을 하더라도 내가 선택한 것이 최선의 결 론에 이르면 이를 내쉬 균형에 도달했다고 하였다. 존 내쉬의 "내쉬의 균형" 에서 보는 인간은 무척 영리하여 상대의 행동을 예측해가며 극도로 자신의 이익만 추구하는 존재다. 그러므로 이익을 꾀하면 결과적으로 집단적 손해 를 보는 쪽의 나쁜 균형이 일어나기가 쉽다. 내쉬의 균형은 경제공동체에 이 나쁜 균형 상태가 발생하는 것에 주목한 것이다.

경제학에서도 애덤스미스의 "보이지 않는 손"에 의해 수요와 공급, 그리고 가격이 적정하게 제 자리를 찾아간다는 경제적 기본 틀이, 더 나아가 경제 구성원간의 이익 추구를 견제할 필요가 없다는 낙관적인 전망과는 달리, 현실에서는 그런 결과값이 나오지 않음을 알 수 있다. 회피(배신)와 영합(협력)을 통해 상대의 반응을 예측하고 자신의 이익만을 극도로 추구하느라 전체에 손해를 끼치는 선택을 하는 경우가 상당히 많으며 이것을 이용한 전략을 세우기도 한다.(이를 전문용어로는 논제로섬 게임이라고도 한다고 한다) 이를 바탕으로 경제학에서는 더 이상 '보이지 않는 손'만을 신봉하며 방임할 것이 아니라 적절한 관리가 필요함을 알게 되었다.

위 실험에서 보면 아이러니한 일이다. 혐의자 둘 다 혐의를 끝까지 부인했더라면, 두 사람 모두 1년형으로 획기적으로 형을 줄일 수 있었다. 또 만약 한 사람이 부인하고 한 사람만 자백하였더라도 9년형만 살 수 있었음에도 두 사람 모두 각각 5년씩, 총합 10년의 형을 선고받는 최악의 선택으로 나아가게 되는 것이다.

이상하게도 이 사회는 합리적인 방식으로만 흐르지 않는 것을 볼 수 있다.

즉 게임 참여자 각각의 이익 추구가 곧 전체의 이익으로 귀결되지 못한다는 것을 증명한 것이다. 즉, 아주 쉬운 예로 언제일지는 몰라도 곧 지구가 종말을 맞더라도 오늘은 '나만 편하면 돼'하는 생각으로 에어컨을 틀고, 오염수를 배출하고, 대기를 오염시키는 행위를 왜 막을 수 없는지 알 수 있다.

그런데 이 게임이론의 예시에서 내쉬의 균형 현상 이외에도 나는 검사로서 또 다른 관점이 흥미로웠다. 이 게임이론을 검사들의 입장에서 혐의자들과 혐의를 다룰 때도 적용할 수 있는 부분이 있다.

우선 가장 먼저 이 게임이론의 설정 자체가, 즉 자백에 따라 자신의 형량을 놓고 흥정 혹은 거래가 이루어지는 일이 한국의 법적 현실에서 가능한가,

라는 점이었다.

　이런 죄수의 딜레마와 같은 사례가 우리나라에서 실제로 발생할 수 있을까? 답은 '그렇지 않다'이다.

　우리나라 형사법 체계에서는 이른바, 플리바게닝(Plea Bargaining)(범죄사건 규명에 협조한 범죄자에 대해 형을 감면하거나 기소를 면제해주는 유죄답변 거래 제도)이라는 것을 원칙적으로 인정하지 않는다.

　즉 수사에 협조하여 자신의 범죄 형량을 줄이는, 일종의 "법적 거래"를 허용하지 않는 것이다. 그래서 위에서 본 사례와 같이 수사에 협조한 범인을 무혐의 석방하는 경우는 처음부터 있을 수 없고, 오히려 먼저 자백하더라도 같이 재판에 넘기는 것이 일반적이다.

　자백으로 수사가 빨리 진행되면 여러 가지로 좋겠지만 이처럼 우리나라에선 논의는 되었으나 아직 그에 대한 반대의견이 많다.

　특히 법원 쪽에서도 수사기관에서 플리바게닝 등을 시도하는 것에 대해서 적극적으로 통제하려는 경향이 있다. 밀실에서 수사에 협조한다는 명분으로 중범죄를 봐주거나, 또 이러한 제도를 통해 이익을 보게 되는 공범이 다른 공범의 범죄를 수사하는 상황이 적절한가, 또 그 진술에 신빙성은 있을까, 또 수사기관이 과도한 수사 재량권을 가지게 되는 것은 아닌가, 하는 측면이 있기 때문이다.

　다만, 갈수록 범죄가 지능화되고 복잡화되면서 점점 증거를 확보하기는 곤란해지고 공범의 적극적인 수사 협조가 없으면 수사가 전체적으로 실패하는 경우도 비일비재하기 때문에 우리나라도 제한된 범위 안에서 이러한 부분에 대한 입법 논의를 할 시점은 되었다고 본다.

　미국 법원에서도 판사의 참관하에 협상(negotiation)이라는 이름으로 계속적으로 범죄 인정 여부 및 형량에 대해서 플리바게닝이 이루어지고, 실제로 이러한 절차를 통해 대다수의 범죄들이 조기에 종료되고 순환을 빠르게 시키고 있다는 점은 수사와 재판 지연이 갈수록 심해지는 대한민국의 현실에서 적극 검토할 필요가 있다고 본다. 이를테면 미국의 경우 절차를 통해 법적인 피의자가 합의한 사건은 빠르게 종료시키고 선택과 집중의 방식으로 진행되고 있다.

임관한 지 얼마 되지 않았던 당시 나는 죄수의 딜레마라는 수사기법이 있는지도 모르면서 비슷한 기법을 구사한 적이 있었다. '내쉬의 균형'이라는 게임이론에 해당하는 자백을 통해서 범인의 범행을 자백받아 낸 것이다.

특정 근로자를 고용하는 기업에게 국가에서 주는 지원금이 있다. 이 지원금을 받을 조건이 아님에도 지원금을 신청하여 수령한 기업이 근로감독관에게 적발되었다. 해당 기업의 대표는 뇌물을 줘서 무마하기로 하였고, 실제로 해당 사건은 그렇게 무마되었다는 범죄 첩보를 받았다.

해당 사건에 대한 정보수집 등 수사에 착수하였다.

국가에서 지원금을 지급하는 구조나 담당 공무원의 인적 정보까지는 파악이 되었다. 하지만, 해당 기업의 대표가 일절 수사에 협조하지 않은 상황이었다. 즉, 뇌물을 주고 받은 증거는 없었다.

근로감독관은 해당 기업이 그렇게 근로자를 고용하고 있는 것으로 알고 있었고, 혐의자 역시, 본인의 과실로 해당 사건을 미처 파악하지 못한 것이라고 변명하면 끝이다.

뇌물을 준 대표는 당연히 허위로 지원금을 신청한 것이 추가적으로 문제 될 수 있으니, 자신의 잘못을 인정할 리가 없고, 근로감독관도 뇌물을 받았다고 인정하는 순간 직을 잃게 될 것이니, 두 사람 모두 자백할 이유는 전혀 없는 상황이었다.

언뜻 보기에도 충분히 혐의는 있는데 증거가 없다는 이유로 종결 직전에 있는 사건이었다.

이렇게 끝낼 수는 없는 노릇이라는 생각에 두 사람을 모두 부르기로 했다. 일단 돈을 직접적으로 마련한 사람, 돈을 전달하였다는 이야기를 들은 사람 2명을 동시에 소환하였다.

검사실 선임 계장이 해당 기업의 대표를, 내가 근로감독관을 각각 조사하기로 하고, 각자의 조사실을 마련해서 두 사람을 철저히 분리했다. 서로가 서로에 대해서 무엇이라고 말하는지 들을 수 없도록 하고, 계장님과 나는 실시간으로 메신저 채팅을 하며 수사상황을 공유하였다.

결과는 대성공이었다.

"먼저 자백하여 협조하는 것이 본인에게 무조건 유리하다. 만약 뇌물범행을 자백한다면 다른 쪽을 수사하거나 하는 비겁한 짓은 하지 않겠다"는 등을 통해서 기업 대표가 먼저 무너지기 시작하더니, 받은 뇌물의 액수를 스스로 밝히기 시작하였다. 이러한 결과를 전달받은 계장님은 기업 대표가 이미 뇌물을 공여한 부분을 인정하였다는 식으로 압박을 하니, 해당 공무원도 뇌물 액수에 대해서 인정하기 시작하였다.

결국 해당 기업 대표가 최종적으로 전달한 금액 및 계좌 인출 내역까지 제출함으로써 수사는 모두 대성공으로 끝날 수 있었다. 내쉬의 균형 상태대로 수사를 받는 혐의자들의 입장에서는 최악의 결론으로 귀결되었지만, 결과적으로는 지역 사회 전체로 봐서는 각종 지원금 교부 및 관리하면서 갑질을 일삼는 담당 공무원을 일벌백계하는 기회가 될 수 있었다.

덧붙이자면, 앞의 죄수의 딜레마에서 "내쉬의 균형상태"가 극도의 눈치싸

움으로 자신들만의 이익을 추구할 때 그것을 좋은 쪽으로 돌리는 방법으로 경제학자들은 몇 가지 제안을 한 것이 있다. 우선 이 모델링에서 가장 우선적으로 게임 참여자 서로간 소통을 하지 못하게 설정한 조건들을, 즉 참여자 각각에게 가로놓인 칸막이를 제거하는 것을 최우선적 해결방안으로 내놓았다. 이를테면 각 참여자간에 소통과 신뢰 회복이 가능하면 서로간 좋은 쪽의 균형상태를 이룰 수 있다는 것이다. 그러나 개개인의 이익으로 언뜻 연결되어 보이지 않는 커다란 어젠다(agenda)나 큰 집단의 경우는 속도가 더딜 수 있고, 또 서로의 이익 관계가 첨예할 때 의견을 모으기가 힘들 수도 있다.

하지만 우리 인간은 본능적으로 손해와 이익에 아주 민감하고 직관적으로 알만큼 충분히 영악하다. 약간의 손해와 이익 사이에서 우리는 늘 선택할 수밖에 없다. 그럼에도 현실사회가 승자 독식과 소통 단절의 게임 사회가 아님을 생각해야 한다. 그러므로 사회구성원 각각은 정확한 정보에 바탕을 두고, 서로 소통을 원활히 하면서 조금씩 양보하는 것이 장기적으로 이익이 되는 윈윈전략을 세울 필요가 있다고 본다.

# 4.
## 무고
### - 검사되기 잘 했어요

 판사라면 자신의 판결 때문에 무고하게 재판을 받거나 억울한 판결로 엉뚱한 사람이 구속되는 일이 생기는 것을 두려워한다. 변호사라면 승소로 이끌 수 있었던 사건을 대응을 잘못하여 자신이 변호하는 사람에게 피해를 주어서는 안된다는 신념을 가지고 있을 것이다. 이러한 덕목은 검사들도 마찬가지다. 허위고소, 즉 무고(없는 사실을 마치 있었던 사실인 것처럼 거짓으로 꾸며 고소·고발하는 일)로 피의자가 된 사람을 밝혀내지 못하여 억울함을 풀어주지 못하는 것을 가장 두려워한다. 그래서 실제로 검사들에게는 무고인지가 숙명처럼 되어 있다.

 그러기 위해서는 끝까지 성의를 가지고 사건을 파헤치는 것이 필요하다. 실제로 검사들 중에는 억울한 사람을 구제해 주어 감사 편지를 받거나, 언론에 보도가 되어, 지역에서 칭송을 받는 경우도 많다.

 나 또한 신임검사 시절에는 내 앞의 피의자가 범행을 저지른 사람인데,

"나"라는 초짜 검사를 만나 그 죄상이 모두 밝혀지지 않는다면 어떻게 할까, 또는 "나"라는 신임검사를 만났기 때문에 구속되지 않고 벌금형이나, 무혐의 처분을 받고 나가 또 다른 중범죄를 저지르는 것은 아닐까, 또 다른 피해자가 생기는 것은 아닐까 걱정하던 시절이 있었다.

법을 집행하는 사람이지만, 사람이 하는 일인지라 온정에 끌릴 수밖에 없어서 중형을 구형하거나 사람을 구속할 때는 신중해질 수밖에 없고 무혐의나 약식기소 같은 가벼운 처분에는 마음을 놓고 방심하기가 쉽다.
많은 사건들을 다루다보면 이렇게 쉽게 풀려나는 범죄자의 기록이 사실은 많은 범죄 사건과 얽혀 있는 경우가 많아 전면적으로 재수사하게 되는 경우도 있다. 한 사건 한 사건 나눠져 있는 상태로 보면 전체가 보이지 않는다. 그러니 수사를 하면 그 사건 하나만 보지 않고 여러 면에서 입체적으로 보다가 보면 갑자기 기존의 수사와 전혀 다른 방향에서 보일 때가 있다. 순간 순간 변하기도 하고, 전혀 예상하지 못한 방향으로 흘러가기도 한다. 그래서 '수사는 생물과 같다'는 말이 나온 듯하다.

교회의 사이비 목사 사건도 처음에는 사기죄로 단순 송치된 사건이었다.
경산의 한 교회의 목사인 KOO, 신도 JOO이 같은 교회에 다니는 다른 여자 신도 LOO을 사기죄로 고소한 사건이었다. 그런데, 고소장을 아무리 살펴봐도 돈이 넘어간 흔적이 없었다. 사기죄로 피의자로 송치된 LOO도 전과도 하나 없고, 공무원의 아내로서 평범하게 살아온 사람이었다.

피의자를 불러서 조사하기로 했다. 먼저 LOO을 소환하였더니 자신은 억울하다면서 눈물만 흘리는 것이었다. 감정을 추스르게 하고, 그동안 어떤 일이 있었는지 물었더니 LOO이 들려주는 이야기는 충격 그 자체였다. 목사인 KOO가 돈을 빌려준 사실은 전혀 없었다고 한다. 그럼에도 여자 신도들, 그 중에서도 특히 남편이 공무원이거나 재력가인 사람들을 선별하여 사기죄로 고소를 하기로 했다고 한다. 일단 실체관계는 중요하지 않다. 자신의 부인이 몇 천 만원을 빌려서 못 갚고 그것으로 고소가 되었다는 이야기를 들으면 일반적인 경우 멘붕이 오게 된다. KOO 목사는 그러한 지점을 노리고 있었다. 더욱 심각한 것은 KOO는 여기서 그치지 않았다는 것이다. 고소를 한 이후에는 신도 남편의 직장에 장애인을 이끌고 찾아가 소음을 내면서 집회를 하기도 하였고, 여자 신도들을 집에 들여보내지 않고 술집에 취업시키기까지 하는 등 극단적인 방법을 사용하였다. 술집에서 여자를 고용할 때 받는 선불금이라도 받아서 돈을 갚아야 된다는 식이었다. 신도의 가족이 느꼈을 공포감에 나도 몸서리가 쳐졌다.

LOO은 그녀의 딸들까지 검찰청에 나와서 자신의 어머니가 그동안 어떤 일을 당하였는지, 그리고 어머니를 넘어 시청 공무원인 아버지까지 얼마나 고통을 겪었는지를 진술하였다.

드디어 고소인 KOO을 소환하였다. KOO은 아주 뻔뻔하게 자신이 피해를 당하였음을 연기하였다. KOO은 서울의 S 법대에 다니는 자신의 아들과 거동이 불편한 노모까지 같이 출석하여 조사 현장에 입회를 할 수 있게 해달라고 요구하였다. 자신의 하소연을 돋보이게 하려는 것인지, 압력을 넣겠다는 것인지는 알 수 없었지만 나는 그렇게는 못한다고 거절했다. 고소당한 피해자들로부터 갈취한 돈으로 이 모든 가족들이 호의호식하고 있겠다는 생각이 들자 그들에게 전혀 호의를 베풀고 싶지 않았다.

사건을 수사하면 할수록 무고 혐의는 더욱 명백해졌고, KOO 목사로부터 피해를 입은 신도들이 계속 추가로 나오는 상황이었다.

그 중 가장 기가 막힌 사건은 또 다른 여자 신도 JOO를 가스라이팅해서 그녀의 네 살 딸을 인질로 데리고 있으면서 돌려주지 않는 것이었다. 돌려주라고 요구하면 딸이 엄마한테 가기 싫어한다는 것이었다. 딸 핑계로 교회에 나오지 않거나 각종 범행에 동참하지 않는 것을 미연에 방지하기 위해 딸을 볼모로 잡고 있는 것이었다.

JOO는 장애가 있었고, 그동안 KOO에게 너무 협박을 많이 받아 극도로 불안하고 위축된 상황이었다. 목사 KOO의 이름만 나와도 두려워 떨었다. 평범한 가정주부로서 남편의 식당을 도와 일하던 사람이었는데, 사이비교주에게 빠진 이후, 자신의 아이까지 빼앗기고도 그동안 앞에서는 딸을 돌려달라는 말도 못하고 있는 상황이었다. 게다가 앞의 피고소인 LOO가 당했던 것과 똑같은 방법으로 KOO은 JOO도 고소하였고, 시댁에서 어쩔 수 없이 합의금을 마련해서 갚아주었는데, 이러한 허위고소 때문에 법원에서 집행유예 판결까지 받은 상황이었다.

KOO을 결국 무고로 검찰에서 구속했다. KOO의 악행을 법원에서도 인정한 것이었다. 그렇게 KOO이 감옥에 들어가자, JOO씨가 울면서 나를 찾아왔다. KOO이 구속된 이후에도 딸을 돌려주지 않는다는 것이다. 아들과 그 일당들이 남아서 딸의 얼굴도 못 보게 한다는 것이었다. 결국 진정서를 제출하게 하고, 경찰에 수사지휘를 내렸다.

그랬더니, 올라온 수사보고가 또 정의감에 불을 질렀다. 네 살된 아기가 엄마한테 돌아가길 거부하기 때문에 딸을 돌려줄 수 없다는 것이었다. 그 어린 아이가 지금 있는 집에서 계속 생활하고 싶어하기 때문에 더 이상 수사를 진행하지 않겠다는 것이다.

 담당 경찰을 불렀다. 그 자리에서 사이비 목사 KOO이 어떤 사람이고, 아기가 2살 때 엄마 품을 떠나서 몇 년째 그 사람들이 키우고 있는데, 그 아기가 엄마를 알아보겠는가? JOO씨 부부는 완전히 가스라이팅을 당한 상태다. 그러니, KOO 측 사람들로 하여금 아기를 데리고 경찰서로 모두 출석하게 한 뒤, 그 자리에서 아기를 돌려주도록 하고, 만일 이를 거부할 경우, 유기나 감금죄로 현행범 체포하라고 담당 경찰을 설득하였다. 나의 전략은 대성공이었다. 경찰은 정확히 내가 시키는 대로 하였고, 결국, KOO 측 사람들은 그러한 엄포 앞에서 아기를 돌려줄 수밖에 없었다.

 이 이야기는 그 다음 해가 되자, 지역의 신문사 기자가 취재를 하는 바람에 기사화도 되었는데, 부장님은 그 기사를 출력해서 액자로 만들어 장인장모님께 보내드렸다. 한동안 장인, 장모님께서 자랑스러운 우리 사위라는 말을 입에 달고 계셨다.

 이 파렴치한 KOO은 스스로를 "K권능"이라고 칭하며 경산 소재 모교회의 목사 행세를 하면서 교회 신축을 빌미로 신도들로부터 교회 헌금이나 기도비 명목으로 많은 돈을 갈취하였다. 처음에는 사기죄로 허위 고소하는 수준이었지만, KOO의 행각은 날로 대담해졌다. LOO씨의 경우, 딸을 KOO 목사의 집에 피신시킨 다음, 남편에게 딸이 가출한 기간 동안 사채를 쓰는 바람에 사채업자에게 붙잡혀있었다면서, 신도들을 사채업자, 장애인 등으로 위장시킨 다음 딸과 함께 남편이 일하는 직장에 찾아가서 돈을 갚으라고 망신을 주기도 하였다.

또한 여러 명의 여자 신도들을 다방과 술집에 취업을 시켜서 그 선불금 2~300만원씩을 받은 다음, 며칠 후 신도들을 빼돌려 도주 시킨 뒤 다른 술집에 취직시키기도 했다. 불과 며칠이기는 하였지만 순진한 여염집의 주부들이 술집에서 술 시중을 들기도 하였다. 이런 엽기적인 행각은 전국을 돌면서 벌어졌다. 일반인의 상식으로는 상상조차 할 수 없는 일이 기도원 설립이라는 종교적 목적에 이성을 상실하여 평소에는 멀쩡한 사람들이 결국에는 이해할 수 없는 집단행동을 벌이게 되었다.

사이비목사 KOO과 함께 같은 교회 신도를 무고한 신자 JOO만 하더라도 결혼도 하지 않고 전과도 없는 사람으로 멀쩡하게 화장품을 판매하던 판매사원이었다. 그러나, 이 사건에 뛰어들었을 때는 완전히 KOO의 하수인이 되어서 마지막 순간까지 피고소인 LOO을 비난하고 입에 담기도 힘든 욕을 해댔다. LOO과는 아무런 사적인 원한이 없이 단지 몇번 교회에서 오다가다 만난 사람에 불과한데, 고소를 하고 인격적으로 비난하는 것이다.

이 사건은 여러모로 영화에서나 나올법한 해괴한 일이 많았던 사건이다.

결국 KOO은 먼저 무고로 구속되어 기소되었고, 다른 범죄로 다시 추가 기소가 되어 중형을 선고받았다. 구속된 이후, 몇 달이 지나 소환을 하였더니 외모가 많이 변해 있었다. 살이 빠져 말라 있었지만 여전히 악에 받쳐있었다. 그렇게까지 심신이 피폐해진 상황에서도 자신의 잘못에 대한 반성은 커녕 검사를 향해서도 살기와 독기를 품고 고함을 질러댔다. 그 사나움으로 봐서 변한 것이 아니라 가면을 벗었을 때의 본 모습인 듯했다. 그래서 그 교회의 신도들이 하나같이 겁에 질려 시키는 대로 기상천외한 사기 행각을 벌인 듯했다.

大邱日報  2011년 01월 03일 월요일

사회 13면

### 대구지검 공판부 김상민 검사
# "검사하길 참 잘했어요"

5살된 여아는 친엄마를 보고도 몰라봤다. 친엄마 A(45·여)씨는 눈물을 훔치며 3년만에 되찾은 친딸의 이름을 부르며 와락 끌어안았다.

대구지검 공판부 김상민(33·사시 45회·사진) 검사의 1년여에 걸친 노력이 결실을 맺은 날이다. 어릴 때부터 소망했던 검사가 된 후 자신에게 맡겨졌던 사건을 처음 해결한 날이기도 했다.

친딸을 찾은 A씨는 '다시는 품에 안을 수 없을 거라' 여겼던 딸을 찾아준 김 검사의 손을 붙잡고 연신 고마움을 표현한다. 돌아오는 길, 김 검사는 "검사하길 참 잘 했다"며 되뇌었다"고 했다.

김 검사가 A씨를 알게 된 건 지난해 초, 첫 배당받은 일명 '사이비목사

### 1년여 끈질긴 수사 끝 친모녀 되찾고 억울함 풀어줘
### 검사란 직업 매력적…정의 실현하는 검사 되고 싶어

무고사건' 때였다. 작년 7월 무고죄로 징역3년형을 선고받은 사이비목사 B(51·여)씨는 당시 한 여성신도를 사기죄로 고소한 피해자 신분이었다.

단순 고소사건이라고 여겼던 김 검사는 사건을 파고들면 들수록 피의자와 피해자가 뒤바뀌었다는 확증을 잡고 수사에 매달렸다.

끈질긴 수사끝에 B씨가 목사 신분으로 교회의 건축헌금과 포교 등의 명목으로 신도들로부터 헌금을 강요한 뒤 이 돈을 생활비 등으로 사용해왔다는 증거가 속속 드러났다.

또 B씨는 신도들의 도장을 직접 관리하면서 허위 차용증을 만들어 이들이 자신의 돈을 빌려간뒤 갚지 않는다며 경찰에 고소를 남발해온 것도 밝혀냈다.

특히 사이비목사 B씨는 젊은 여성 신도들의 약점을 잡은 뒤 이들을 다방과 유흥업소에 취업시킨 뒤 선불금을 가로채 왔다.

수사과정에서 만난 A씨는 김 검사에게 "B씨에게 속아 2살된 딸과 가출했고 B씨가 딸을 볼모로 자신의 사기 행각에 나를 이용해왔다"며 딸을 찾아달라고 호소했다.

김 검사는 즉시 경찰에 수사를 지시했으나 경찰은 '딸이 사이비목사를 친엄마로 알고 있고 돌아갈 의사가 없다'고 한다. 양육권동에서도 있어 범죄혐의가 없다'고 답을 해 왔다.

김 검사는 '이건 아니다'란 생각에 담당경찰관을 불러 '동의서는 효력이 없다'며 그동안의 수사상황을 설명한 뒤 '우리가 나서 친부모를 찾아주자'고 설득했다. 이렇게 A씨는 친딸을 찾았다. 결국 사이비목사 B씨는 김 검사의 끈질긴 노력 끝에 지난해 법의 심판을 받았다.

법무관으로 재직한 뒤 2009년 4월 대구지검에 초임검사로 부임한 김 검사는 "사람들의 억울함을 풀어주고 희망도 찾아주는 검사란 직업, 참 매력적입니다. 새해에도 어떤 사건이 나에게 오든 처벌받아야 할 사람은 꼭 처벌받도록 정의를 실현하는 검사가 되고 싶습니다"라며 새해 각오를 다졌다. 그는 또 "초임검사들에게 '사관학교'로 불리는 대구지검에서 생활한 것이 큰 도움이 됐다"고도 했다.

고정일 기자 kji@idaegu.com

# 5.
## 새크라멘토 검찰청 수습기

### 미국 실무수습 준비

매년 국가에서는 검사들을 비롯한 상당수 법조인들이 해외에서 국외 훈련을 할 수 있는 기회를 주고 있다. 검사들에게 있어서 이 기회는 한국 이외 다른 나라의 검찰청 업무처리 시스템을 직접 경험하고, 우리나라와 비교해보는 좋은 기회가 된다.

나 또한 2014년 9월 8일부터 10월 17일까지 약 6주간의 일정으로 미국 캘리포니아주 새크라멘토 카운티 검찰청에서 실무 수습을 할 수 있었.

그런데 국외훈련 대상 기간인 1년 6개월 간 미국에서 국외훈련을 하는 동안 검사들의 활동 현장이라 할 미국 검찰청에서 로스쿨의 재학생(JD)들이 하는 인턴과 꼭 같은 인턴 기회를 갖고 싶어 하지만, 현실은 그 시기와 인턴을 할 수 있는 검찰기관을 찾는 과정이 꽤나 복잡하다.

이런 과정을 직접 알아보면서 나는 제대로 된 미국 사법기관에서 인턴을 받고 싶으면 일단은 적극적인 사람이 되어야 한다는 생각이 들었다. 연락이 오거나 일이 되기를 기다리지 말고 대학이든 주변의 법조인의 인맥이든 직접 발로 뛰고 여러 곳을 통해 알아보아야 했다.

나 또한 공식적으로 인턴 채용 담장자에게 9개월 전부터 연락하고 알아보았지만 형식적인 답변뿐이라 개인적으로 Floyd Feeney라는 노(老)교수님에게 인근 검찰청에서 인턴연수를 받고 싶다고 문의를 하여 받아들여졌다.

Floyd Feeney 교수는 UC Davis 로스쿨에서 LL.M. 학생들의 지도 교수로 계시면서 형법과 형사소송법을 담당하고 있었고, 그와 함께 새크라멘토 카운티 검찰청의 차장 검사격인 Steve Grippi의 주선으로 2014년 9월경에 수습을 할 수 있었다.

실무 수습의 기간 동안에 개인적으로 배당된 공식사건이 있는 것은 아니었고, 보고서 검토나, 공소장 작성, 증인신문, 증인신문사항 작성 등의 검사직 의무가 나에게 부과되지 않았기 때문에 엄격한 의미에서 공식 인턴(legal intern)이라고는 할 수 없었다.

내가 주로 한 일은 새크라멘토 검찰청의 검사들을 따라다니면서 업무를 배우는 일이었는데, 실제로 미국 검사들은 재판장이나 다른 변호사들에게 나를 소개하면서 'MR. Kim은 한국에서 온 검사이고 옵저버(Observation 또는 Shadowing), 즉 참관이나 수습 중'이라고 설명했다.

또 하나 미국 연수에서 고려해야 할 문제가 비자 문제였다.

F-1 비자를 받은 국외 훈련 검사가 대학의 체류 허용 기간을 초과하여 미국에 머물기 위해서는 OPT(Optional Practical Training) 신청을 하여야 하고, OPT 시작 시점으로부터 90일 동안 직업이 없게 되면 연장된 비자 자격이 취소되기 때문에 보통 1년 이상 머무는 검사들은 인턴을 하는 기간 동안

취업상태를 유지하여야 한다. 하지만, 나의 경우 인턴으로 새크라멘토 카운티 검찰청에 직접 채용된 것이 아니라 UC Davis 로스쿨에 Feeney 교수님의 개인적인 연구원(researcher) 자격으로 채용되었다. Feeney 교수님이 지도관(Supervisor)이 되는 것으로 정리가 되어 아주 간편하게 비자 문제를 해결할 수 있었다. 이는 Feeney 교수님이 제안한 것이었는데, 교수님의 말씀으로는 검찰청에 인턴이나 다른 자격으로 채용이 되는 방식으로 접근하게 되면 해당 기관에서 부담을 느끼게 되어, 채용을 하지 않거나, 특히 선례가 없는 경우 성공확률이 낮다고 했다.

결국 나는 인턴과 그 이후의 체류를 위한 고용을 공식적인 루트보다는 개인적인 루트로 빠르게 처리할 수 있었다.

우연히 UC Davis에서 온 일본의 검사들과 대화를 할 기회가 있었는데, 일본 검사들의 연수는 어떻게 하게 되는지를 궁금해서 물어보았다. 일본 검사들의 경우 개별적으로 미국의 검찰청과 접촉하는 것이 아니라 일본 법무성에서 자국의 검사들이 머무는 기간 동안 연수를 할 장소를 미리 섭외를 한다고 했다.

이 일본 검사들은 지방 검찰청(County District Attorney's Office)에서 인턴 근무를 할 예정인 나를 상당히 부러워하였는데, 검사들이라면 누구나 미국 현지의 법정에서, 그리고 검찰청에서 실제로 활동하는 모습을 직접 접할 수 있기를 바라기 때문이었다. 그런데 일본 법무성은 캘리포니아주의 경우 검찰총장실(Attorney General's Office, 우리로 치면 대검찰청에 해당)에 자국 검사들이 근무할 수 있도록 협조를 이끌어 내어서 캘리포니아 검찰청에서 근무할 예정이라고 했다.

미국 캘리포니아의 검찰총장실은 형사뿐만 아니라 민사, 행정 등 다양한 영역을 관장하고 있고, 그곳에서 일하는 법조인들이 모두 검사가 아니며, 실제의 수사사례나 공판을 접하기 보다는 정책을 연구하거나 소송 대응 방안을 논의하는 사무실 업무였다. 당연히 인턴을 구하는 검사의 입장에서는 캘리포니아주 검찰청보다는 새크라멘토 지방검찰청이 검사들의 실무연수에 있어 보다 유익한 경험이 될 것임이 분명했다.

미국의 각 지방검찰청의 경우 각 지역에서 선출된 검사장들이 예산과 인사를 관장하고 있기에 인턴 계약을 받지는 못했다고 한다.

이처럼 미국 사회에서도 우리의 예상과 달리 개인, 혹은 지역 단위의 친분 관계가 상당히 광범위하게 작용을 하였고, 중요한 책임자에게 적극적으로 자신을 알리고 PR을 하여야 뭔가를 이뤄낼 수 있다는 소중한 경험을 하게 되었다.

## 새크라멘토 사법계 분위기

어느 나라나 마찬가지겠지만, 새크라멘토 카운티 검찰청도 현지 사정은 비슷했다. 예산도 부족하고 인력도 부족하다고 했다. 돈 달라, 인력 달라는 이 세상 모든 검찰의 공통의 문제점인 것 같다.

새크라멘토 검찰청의 검사는 삼진아웃법(Three Strikes Law, 상습범가중처벌법) 시행으로 범죄자들의 형기는 폭발적으로 증가하고 있는데 반해, 폭증하는 수감자들을 모두 수용하지 못하는 바람에 많은 수형자들을 어쩔 수 없이 석방하고 있다는 이야기도 들려주었다. 민간기업에서 교도소를 운영하기도 하는데, 수감자의 폭증으로 해당 회사의 주가도 계속 오르고 있다고 하였다.

예산 부족으로 인하여 새로운 변호사들이 직장을 많이 구하지 못하고 있으며, 현지의 로스쿨 졸업생들조차 검사나 국선변호인 등 공공기관에 채용되는데 어려움을 겪고 있으며, 이러한 영향으로 인하여 일반적인 로스쿨생들은 물론이고 LL.M. 학생들이나 방문학자들의 경우조차, 인턴연수의 기회조차 갖는 것이 쉽지 않은 실정이라고 했다.

Feeney 교수님의 개인적인 연구원(researcher) 자격으로 내가 머무는 기간 동안 수습일정을 조율하고, 검찰청 내 다른 기관방문을 주선하는 등의 역할을 한 사람은 새크라멘토 카운티 검찰청의 가정폭력전담부(Domestic Violence Unit) 소속 Tate Davis 검사였는데, 그 덕에 나는 가정폭력전담부의 검사들과 자주 만나서 이야기를 하거나 친분을 쌓을 수 있었다. 특히 가정폭력전담부의 부장검사와는 많은 시간을 함께 보내면서 부장검사가 관여하는 일정들을 일일이 참관하면서 원래의 수습과정에서는 쉽게 접할 수 없는 다양한 정보들을 얻을 수 있었다.

미국 사법기관 사람들 속에서 내가 느낀 첫인상은 비교적 자유롭고 서로 친밀하다는 느낌이었다. 중앙집권적이고 위계질서가 강한 한국과 여러모로 차이가 나는 것 중의 하나가 카운티(우리나라의 군과 같은 기초지방자치단체) 단위로 그 지역 사회의 완결성이 대단히 높은 사회라고 느껴졌다. 따라서 각 기관들 관계가 수직적 상명하달 형태로 서열화 되어있기보다는 수평적으로 긴밀하고 유기적이라는 느낌이었다. 각 기관과 사람들 사이는 소통과 교류가 활발했다.

검찰청, 경찰, 보안관 학교위원회 등 카운티나 지역 사회에서 이러한 공공기관의 주체들이 모두 선출된 권력으로서 서로 협조하고 지역 사회의 문제를 같이 해결한다는 의식이 강하다는 것을 느낄 수 있었다.

따라서 한국보다 판, 검사와 변호사의 접촉이 빈번했고 친밀해 보였다. 이런 분위기라면 지역 사회에서 검찰과 경찰의 수사권의 충돌 같은 문제는 없을 것처럼 보였다. 이렇게 상호우호적인 관계들은 법원과 검찰, 변호사 등 이른바 법조삼륜의 친밀한 모습들 속에서도 직접 확인할 수 있었다.

그들은 재판이 시작되기 전에 판사, 검사, 국선변호사 등이 법정에서 자유로운 분위기에서 개인적인 일상, 여행 계획, 자녀 문제 등에 대하여 이야기하는 등 서로 공동체 의식을 충분히 공유하고 있다는 느낌을 받을 수 있었다. 이렇게 사적인 자유로운 분위기는 공적인 관계에서도 직위와 소속을 떠나 평등한 관계에서 오는 자유로움을 느끼게 했는데, 검찰청 내의 부장검사와 평검사와의 관계에서도 그런 점이 있었다.

한국과 마찬가지로 부장검사는 책임자로서 사건의 배당, 사건의 기소유무에 대한 최종 결정, 공소 유지 과정 등에 부장검사의 결재와 관리 감독이 따랐는데 우리나라처럼 결재나 직인을 받는 형식이 아니고, 대화, 전화, 문자 메시지, 페이스북 채팅 등 다양한 형태로 이루어지고 있다는 점이 흥미로웠다.

또한, Noah 부장검사가 다양한 업무를 하는 모습을 옆에서 지켜본 바로는 자신이 부장검사로서 가진 권한을 행사하려 한다기보다는, DV Unit과 관련된 모든 잡다한 일들을 최종적으로 처리하고 책임진다는 느낌이 강하였고, 외국에서 만난 선배 검사임에도 존경스러운 마음이 저절로 들었다.

개인적으로 기억에 남는 것은 수습기간 중 휴게실에서 보낸 시간들이었다.

나는 주로 호스트 검사인 Tate Davis의 사무실에 머무르거나 Tate Davis가 소속된 가정폭력전담부(Domestic Violence Unit)의 휴게실 같은 공간에서 머물렀다.

이 공간은 해당 부서의 검사들이 휴식을 취하거나 점심 식사를 해결하는 곳으로 커피를 마시거나 회의를 하는 장소로 이용되기도 하였다. 검사들은 점심시간이 되면 각자 청 근처의 식당 등으로 이동하여 포장음식을 주문하여 하나둘씩 위 휴게실에 모여 삼삼오오 식사를 하는 모습을 볼 수 있었다. 식사를 할지, 어떤 메뉴를 먹을 것인지, 어디서 먹을 것인지 등은 자신들이 모두 모여 서로 결정하고 있었고, 이를 너무나 당연하게 받아들이고 있었다. 그래서 점심시간이면 청 근처의 식당에서 다양한 부서의 검사들을 자주 만날 수 있었고, 모두 각자의 음식을 들고 자신의 사무실이나 부서의 휴게실로 향하는 모습을 항상 볼 수 있었다. DV Unit의 경우, 대부분의 검사들이 Take Out을 해 온 다음, 각자의 방에서 자신의 음료수를 꺼내어 휴게실에서 둘러앉아 사건 이야기를 하면서 식사를 해결하고 있었다.

그 외에 DV Unit에서는 금요일 아침마다 당번 검사를 정하여 음료(대부분 커피)와 음식(샌드위치, 쿠키류 등 다양)을 준비하도록 한 다음, 이를 휴게실에 비치하여 검사들이 먹을 수 있도록 해주고 있었다. 요일만 다를 뿐 대부분의 부서에서 이와 같은 간단한 음식을 제공하는 이벤트를 하고 있었다. 특별한 의미는 없고 서로 부원으로서 소속감을 느끼고 상호 교류하기 위한 목적에서 이루어지고 있는 것으로 보였는데 이런 자연스럽고 친밀한 관계를 통해 서로의 의견을 듣고 대화를 하는 것이 몹시 신선하게 느껴졌다.

### **차이점 몇 가지**: 예비 재판과 본 재판, 그리고 유죄협상제, 기소

미국의 모든 지방법원이 그러한 것인지 확인할 수는 없지만, 새크라멘토 지방의 형사절차에 관련된 법원은 하나로 구성되어 있지 않고 우리 말로는 예비법원이라고 번역할 수 있을 듯한 홈코트(Home Court)와 형사법원(Criminal Court)으로 나눠져 있는 것이 우리와 가장 큰 차이로 보였다. 당연히 위 두 법원은 건물도 다르고, 판사님들도 따로 있었다.

새크라멘토 지방법원 중 홈코트(Home Court)의 경우, 재판정과 판사실이 구치소(County Jail)와 같은 건물에 있다는 점이 특이했다. 건물의 1층에 4개의 법정과 또 그 법정과 연결된 집무실이 있으며, 2층부터는 구치소로 사용되고 있었다.

구치소, 법원, 검찰이 한 건물 내에 있어서 모든 것이 한 장소에서 빠르게 이루어졌다.

본 재판 전의 예비법원인 홈코트(Home Court)가 구치소와 같은 곳에 있으면 여러 가지로 장점이 많을 것 같았다. 구치소 수감자들은 지하 통로를 통하여 법정의 피고인석으로 바로 진입할 수 있어서 계호나 수감자 관리가 용이하고, 수감자들을 만나러 온 가족들은 당일 피고인의 재판을 방청한 이후 같은 건물에 있는 수감자와 면회도 할 수 있어서 시간과 비용을 줄일 수 있으며, 구치소에 있는 지역보안관(Sheriff)들의 경우, 홈코트(Home Court)의 청사 방호 및 재판 진행까지 담당하기 때문에 방호인력 또한 절감할 수 있었다.

이처럼 미국의 법정이 홈코트(Home Court)와 본격적인 형사법정(Criminal Court)으로 나뉘어져 있고, 홈코트(Home Court)라고 불리는 광범위한 의미의 예비법원은 모든 피고인들이 출석해야 하고, 여기서 피고인들은 자신의 형량을 확인하고 이를 받아들일지 말지를 선택해야 한다. 이것을 유죄협상제인 플리바게닝(Plea bargaining, 유죄협상제도)이라 한다.

이런 절차를 거치다보니, 법정에 처음으로 출석한 피고인들은 그 자리에서 처음으로 자신의 국선변호인이 누구인지를 알 수 있고, 그전까지 절차가 어떻게 진행되었는지, 자신의 국선변호인이 누구인지를 알지 못한다.

그리고 더욱 특이한 점은 이때 변호인은 이미 피고인에 대해 검찰이 제시할 형량을 알고 있다는 것이다. 범행에 따라 판검사와 변호사에 의해 형량이 미리 정해진다. 그래서 그 자리에서 변호인은 피고인에게 만약 혐의를 인정하게 되면 검찰에서 얼마의 형량을 제시하였고, 그 형량대로 결정될 수 있다는 사실을 알려준다.

피고인의 입장에서는 변호인이 이미 지정되어 있고, 자신과 제대로 상담도 하지 않은 변호인이 이미 판사 앞에서 검사를 만나 플리바게닝을 하고 왔다는 것이 받아들여지기 어려울 수도 있다. 그 어디에도 자신의 의견은 묻거나 반영되어 있지 않은 것이다. 그러나 이러한 절차에 대하여 딱히 이의를 제기하는 피고인은 없었다.

또 미국의 검사들은 증거를 완전히 갖춘 상태에서 기소를 하는 것이 아니고, 일단 기소를 한 다음 경찰 등 수사기관을 통하여 증거를 수집하는 절차를 거친다. 이 부분이 우리나라와 가장 큰 차이를 보이는 부분이었다. 우리나라는 이른바 정밀사법이라고 해서 범죄 혐의를 명확히 밝히고 증거를 모두 수집한 다음 기소를 한다. 장점은 무죄가 적게 난다는 것이고, 단점은 시간과 노력이 많이 든다는 것이다.

즉, 피고인에 대한 범죄 혐의는 이미 기소되어 있고, 검찰과 변호인이 수사기관의 증거가 도착하기를 기다리게 된다. 그 어색한 기다림의 시간이 흐른 뒤 드디어 피고인에 대하여 유죄를 확실하게 입증할 수 있을 만큼 증거가 확보되었을 때, 그리고 (이러한 증거가 확보되었음에도) 피고인이 계속적으로 자신의 범죄 혐의를 다투면서 협상(플리바게닝)에 응하지 않았을 때, 비로소 검찰과 피고인측 변호인이 본격적인 재판(trial)을 할지를 합의한다. 그렇게 되면 그 사건은 홈코트(Home Court)에서 본격적인 형사법정(Criminal Court)으로 넘어오는데, 공소제기인 'Preliminary Hearing'이 바로 이때의 형사법정(Criminal Court)에서 이루어진다.

## 배심재판의 명암

미국 사법시스템 중에서 가장 특징적인 부분이라고 하면 바로 배심재판일 것이다. 우리나라도 국민참여재판이라는 것을 시행하고 있고, 사법에 대한 국민의 참여가 법관의 명에 의한 재판의 문제점을 극복하기 위한 최종적인 대안이라고 여겨졌던 제도이다. 영미법에서는 당연한 것으로 여겨졌던 이 배심재판에 대하여 전면적으로 관찰할 수 있는 좋은 기회라고 생각했다.

미국 판사와 검사들도 배심재판에 대해 많은 관심과 고민을 가지고 있음을 느낄 수가 있었는데, 그렇게 느낀 이유 중에 하나가 내가 한국에서 온 검사라고 하자, 그들이 가장 먼저 묻는 질문이 바로 한국에도 배심재판이 있느냐 하는 것이었다. 그만큼 배심재판에 대해 그들도 관심이 많고, 우리의 의견이 궁금한 듯 했다. 동시에 그들도 이 시스템에 대한 회의도 크다고 느껴지는 대목이었다.

재판정에 따라 들어가서 그 과정을 보니 특히 지속성의 문제가 가장 컸다. 법정 다툼이 길어지고 재판 과정이 지루해질 때 인원수가 많은 배심원들의 지속적인 관심도가 떨어졌다. 아무런 경제적 대가 없이 지역 사회의 일원으로서 중요한 일을 한다는 보람에 참여하고 있지만, 재판의 기일이 늘어나면 각자의 사정이라는 것이 생기기 마련이었다. 그 사정 중에는 건강상의 사정도 생겼다. 그러니 배심원 한 사람을 기다리기 위해 재판장의 모든 사람들이 기다리는 모습도 보았다.

## 여러 재활프로그램

미국의 형사사법시스템을 접하면서 느낀 것 중에서 가장 부러웠던 부분이 바로 형사법원에서 시도되고 있는 다양한 재활제도(diversion)였다.

우리나라에서도 마약사범, 소년범 등에 대해서는 전통적인 형사처벌보다는 교화나 재활 등을 통한 다른 방식으로 해결해야 된다는 주장이 오래전부터 주장되어 왔으나, 여러 가지 다른 이유로 실질적인 제도가 정착하지 못한 것이 사실이다. 하지만, 미국에서 지켜본 형사법원의 다양한 재활(diversion) 프로그램은 미국이 과연 선진적인 사법시스템을 가지고 있다는 생각을 하게 했다.

매춘 소녀를 위한 Girl's Court, 마약사범을 위한 Prop 36, Drug Court, 베트남전 참전용사 들을 위한 Veteran Court도 특이한 법정이었다. 참전용사들이 사회에 적응하는 데 어려움이 있을 수밖에 없다는 점을 알고, 그들이 범죄를 저지르는 경우 처벌보다는 지원이나 예방에 초점을 맞춘 법정으로 미국이 군인과 참전용사들을 얼마나 특별히 대우하는지를 보여주는 장면이었다.

이러한 특별법원에서의 피고인들에 대한 특별한 취급은 사범별로 다른 측면도 있었다. 마약사범의 경우 처벌보다는 철저히 치료에 방점이 맞춰져 있었다. 검사는 보호관찰관이나 상담사들이 제공하는 정보를 평가하고, 조건 위반에 대한 불이익이 너무 과소한 경우 이에 대하여 판사에게 시정을 촉구하는 정도의 역할을 하고 있었다. 그리고 피고인이나 변호인이 특별한 요청을 하는 경우, 사전 절차에서 의사표명을 하기도 하였고, 피고인이 운전면허증을 따거나 취직을 하였다고 하면 마치 자기 일인 것처럼 좋아하면서 박수를 치는 모습도 특이한 모습이었다. 서로 치료를 받는 피고인들을 같이 치료를 받는 동료로 생각하고 실제로 친분을 많이 쌓아 계속적으로 그 친분을 유지하는 경우도 많다고 했다.

이 외에도 Re-entry Court가 있었는데 초범이 재범이 되는 경우가 많은데 이처럼 계속적으로 범죄와 처벌, 재범으로 이어지는 연결고리를 막기 위해서 마련되어 있는 특별절차다.

재판을 통하여 집행유예 판결을 받으면서 보호관찰을 부과받은 피고인들이 정신질환이나 약물 중독, 알코올 중독 등으로 해당 조건을 위반한 경우에 시작할 수 있는 특별프로그램이었다.

## 느낀 점 몇 가지

미국 사법 연수를 하며 직접 그들의 사법체계와 실제 내부에서 살펴본 결과 그들은 사법시스템에서도 대단히 실용적이고, 경제적이라는 점이다. 법조 3륜이 철저히 사법절차의 연결성과 피고인의 이익을 위하여 협조하고 있다는 생각이 들었고, 그 과정도 투명했다. 판사, 검사, 변호사가 모두 맡은바 역할을 충실히 하면서도 사법 자원을 어떻게 효율적으로 활용할 수 있을지를 고민하는 모습이었다.

법정에서 진정한 법정 공방이 이루어지는 부분도 특이한 부분이었다. 특히, 홈코트(Home Court)에서의 재판 진행은 그야말로 역동적이었다. 수사가 진행됨에 따라 증거관계가 바뀔 수도 있고, 증거에 따라 공소장이 변경되거나 다른 사건이 병합될 수도 있기 때문에 재판에 참석한 검사들은 이런 사건 얘기를 한다고 하루 종일 시간을 보내는 듯 했다. 그에 대한 의견을 항상 토론하고 토의하는 문화가 부러웠다.

다만, 절차 초반에 피의자의 절차 참여가 배제되는 부분은 아쉬운 부분이기는 했다.

판사의 경우, 심판자로서의 역할에 대해 유연했다. 미국의 많은 판사들은 기소하는 것도 사람이고 판단하는 것도 사람이기 때문에 오류가 있을 수 있다는 생각을 기본적으로 하고 있다고 한다. 그래서 공판과정이나 기소과정에서 이루어진 실수를 바로잡는 방향으로 노력하고 있었다. 따라서 사건을 다각도로 파악하기 위해 검사와 변호사와의 소통을 원활하게 하고, 또 증거의 신빙성 여부나, 유무죄 판단을 판사 혼자서 결정하는 한국과 같은 상황에 대하여 쉽게 이해하지 못했다.

또, 지역사회의 긴밀한 참여가 높은 점이 신선해보였다.

더더구나 마을 단위 주민들이 피의자의 판결을 같이하는 배심원 재판이 자리 잡은 이유도, 이러한 송사가 단순히 개인의 문제로 처리되기보다 마을 단위의 수많은 일들 중 하나로 취급하기 때문이라는 생각이 들었다. 그 일에 참여하는 배심원들에 대하여 주차비 정도 외에는 따로 많은 돈을 주는 것도 아닌 데다 정식재판으로 가게 되면 약 2주 정도 계속적으로 법정에 출석하여야 함에도 배심원들은 마을의 주민으로서 재판에 참여하는 것이 당연한 의무라고 생각하고 있었다.

# 6.
## 검찰 사법제도에 대한 단상들

### 일선에서 느끼는 수사권 변화 – 검수완박(검찰의 수사권 완전 박탈)

검사가 공소제기를 담당하는 기관이라는 점에는 특별한 반론이 없다. 현재는 검사가 공소제기를 하면 "공소장"이라는 한 장의 문서만 전달하며, 검찰에서 작성되는 문서 중 가장 정교하게 작성되는 문서다.

그런데 그동안 검사에게는 수사관과 함께 수사권도 있었다. 소를 제기하기 전 사건 조사를 더 정밀하고 종합적으로 하는데 필요했기 때문이다. 그런데 이제는 검사의 수사권을 제약하는 방향으로 법이 바뀌고 있다. 그 대표적인 것이 검수완박법(실제로는 검찰청법과 형사소송법을 개정하는 형태)이다.

요즘 일선 검사와 수사관들 사이에서는 예전만큼 수사하는데 유기적인 긴밀성이 떨어진다는 불만 섞인 소리가 들려온다. 후배 검사들이 꼽는 가장 큰 어려움으로 직원들과 함께 검사실 업무를 원활하게 처리하지 못하는 부분을 꼽았다.

내가 평검사로 뛰던 시절에는 사무실의 수사관과 실무관들과 함께 평소 친밀한 가족 같은 분위기로 지낼 수 있었다. 그러다 보니 사건을 다룰 때 서로 긴밀한 협조로 최상의 결과를 이끌어낸 경험이 많았다. 그야말로 손발이 착착 맞았다.

포항지청 근무 시절, 검사 3명, 수사관 3명이라는 생각으로 단합하여 사건을 해결할 때, 팀원들도 주인의식을 가지고 퇴근이나 휴일도 잊고 적극적으로 수사를 했다. 그 결과의 좋은 실적이 곧 검사실의 실적이라고 생각하고 자신이 그 검사실에서 일하고 있다는 것을 자랑스럽게 생각했다. 그 덕분에 많은 실적을 올릴 수 있었고, 검사라면 누구나 선정되고 싶어하는 모범검사에도 선정되었다.

그런데 요즘 일선 검사실의 현실은 많이 달라졌다. 무언가 착착 맞물려 돌아가던 톱니바퀴 하나가 빠진 듯, 검사들이 한결같이 헛돌고 있는 듯한 느낌을 받을 때가 많다는 것이다.

지난 정부가 검사 권력 축소의 일환으로 수사권을 많이 제한한 결과, 70년 이상 이어져 내려오면서 장착된 검찰의 기능을 해체하기 위해 검찰청의 수사관들에게 검찰이 아닌 다른 직역으로 옮겨갈 것을 신청받기도 하였다.

검찰청 수사관으로 들어왔던 많은 수사관들은 자괴감을 느끼고 검찰 조직에서도 그동안 같이 일하던 동료들을 보호해 주지 못했다는 생각도 들었다. 그래서 나 또한 검찰청 내부 댓글을 통해 검수완박법에 대해 비판적 의견을 낸 적도 있었다.

검찰의 수사권 제한 뿐만 아니라 검사실에서 작성되는 조서도 그 가치가 많이 훼손되는 법으로 개정이 되었다. 예전에는 검찰에서 작성한 피의자신문조서의 경우 당사자가 내용 부인(이 조서를 판사님이 보기를 원하지 않는다고 의사를 표시)하더라도 검찰에서 협박이나 폭언 상태에서 작성한 것이 아니라는 점만 입증하면 판사들이 해당 조서 내용을 볼 수 있었다.

하지만 이제는 이른바 검수완박이라고 불리는 검찰청법과 형사소송법 법률 개정을 통해서 이제 검찰에서 작성한 조서도 경찰 조서와 마찬가지로 당사자가 판사에게 보여주지 않기를 원하면 판사들은 피의자가 검찰에서 뭐라고 진술하였는지는 일절 볼 수 없다.

이처럼 검찰의 조서가 더 이상 법정에 제출되지 않을 수 있다면 굳이 끝까지 노력하여 수사를 할 필요가 있을까? 이는 중대한 악순환에 빠질 수도 있는 문제다. 이 부분은 사법 시스템 상 맹점이 될 수도 있기에 어느 정도는 보완이 필요하다고 생각한다.

## 내 친정 검찰에 대한 작은 조언

요즘 검사에 대한 탄핵소추를 국회에서 의결하는 바람에 여러 가지 논란이 많았다. 일부 야당에서는 검찰이라는 국가기관을 의인화, 악마화하여 무조건 검찰은 나쁘고, 검찰에서 하는 일처리는 부당하다고 국민들을 호도하기도 한다. 사실 일선에서 묵묵히 열심히 일하는 검사들로서는 억울할 수밖에 없다. 대부분 정의의 수호자가 되기 위해 검사가 되었다. 그럼에도 마치 엄청난 권력으로 정치행위를 하는 것처럼 비치는 것이다.

미국에는 연방 검사와 지역 검사가 있고, 연방 검사는 대통령이 임명하고 미합중국 어디로도 발령날 수 있는 검사인 반면, 지역 검사(카운티 검사)는 해당 지방검찰청에서 임용하는 형식이었다. 내가 연수한 새크라멘토 카운티 검찰청은 특이하게도 카운티 내의 부동산 거래세로 걷어진 일부 비용을 검찰청 예산으로 사용하고 있었다. 이는 카운티의 부동산 거래가 활발하면, 예산이 늘어나서 검사를 더 뽑기도 하고, 경기가 위축되어 부동산 거래가 줄어들면 검사들을 계약 해지도 하는 시스템이었다. 그래서 검사들도 노동조합에 가입되어 있다. 노동유연성이 가장 높다고 평가받는 미국답게 검사들도 자유롭게 해고하고 고용하고 있는 것이다.

하지만, 한국의 경우는 검사들은 검찰청법상 신분보장을 받는다. 탄핵소추나 징계 의결을 통하지 않고서는 검사들을 해고할 수 없다. 검사적격심사위원회가 있지만, 제대로 작동하지 못하고 있다. 검사로서 부적격이라는 이유로 퇴직이 제청된 예가 한번도 없었던 것으로 안다. 결국, 나가지 않는 검사를 내보낼 방법은 없다. 용퇴라는 이름으로 검사장, 고검장, 검찰총장이 되지 못한 고위직 검사들이 사표를 내고 나가는 경우가 있지만, 그 수는 아주 일부에 불과하고, 갈수록 그러한 문화도 사라지고 있다. 결국, 부장검사까지 마친 많은 고위직 검사들이 정년까지 근무하는 추세가 늘어날 수밖에 없다.

다양한 수사 경험과 업무 노하우를 알고 있는 검찰 선배님들이 검찰에서 계속 역할을 하는 것은 고마운 일이다. 하지만, 요즘의 젊은 검사들 사이에서는 기수가 높은 선배검사들에 비해서 본인들의 업무가 지나치게 가중되어 있다는 불만을 노골적으로 얘기하고 있다. 초임검사들끼리 진행한 세미나에서도 이러한 부분이 논의가 되는 것을 보면, 검찰에 들어오자마자 이러한 부분을 피부로 직감한다는 생각이 든다. 결국, 미국과 같이 자유롭게 해고하고 채용하는 방법까지는 쉽지 않겠지만, 업무처리 실적에 따른 연봉의 차등지

급, 판사들처럼 10년마다 재임용하는 방식 등으로 이러한 문제에 대해서 보다 적극적으로 대처해 나갈 필요가 있다. 그리고, 업무처리 상황을 정형화하고 계량화해서 반드시 그 부분에 대한 당근과 채찍을 동시에 활용하지 않으면 안 된다.

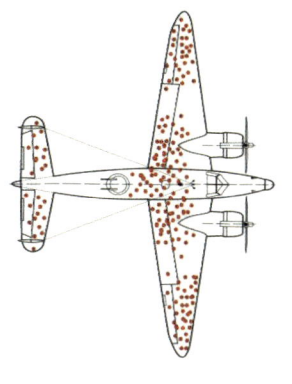

이 사진은 1942년 "통계연구단"이라는 미국 내 가장 뛰어난 통계학자들에게 제시된 프로젝트 요청사항이었다. 제2차 세계대전 당시 미국에서 이륙하여 독일군을 상대로 폭격하고 귀환한 전투기의 사진이다. 비행기의 여러 곳에 총알 자국이 나 있는 것을 알 수 있다. 미공군에서는 이 사진을 최고의 통계학자들에게 제시하면서 비행기의 어떤 부분에 철판을 덧대야만 생환하는 비행기와 조종사의 비율을 높일 수 있을지를 물어보았다.

모든 부위에 철판을 보완하면 비행기는 더 무거워질 테고 속도가 느려져 오히려 더 손쉽게 격추될 것이다. 그래서 철판은 정말 필요한 부위에만 덧대어져야 하는 절체절명의 문제이기도 했다. 여러분이라면 이 비행기 어디에다 철판을 덧대겠는가?

놀랍게도 통계학자들은 이 사진에는 주목하지 않았다.

통계학자들은 이 사진이 아니라 적지에서 격추된 비행기 사진에 주목해야 된다고 생각했다. 즉, 이렇게 너덜너덜 찢겨져서 귀환한 사진은 보는 것만으로도 아찔하기도 하지만, 어찌 되었든 이 비행기들은 생환하지 않았는가? 즉, 그들은 이렇게 구멍이 난 부위들은 구멍이 나더라도 괜찮다는 의미로 받아들였다. 그래서 통계학자들은 구멍이 나지 않은 부위에 집중하기 시작했고 이 생각은 정확히 적중했다.

돌아오지 못한 비행기의 사진들을 분석해 본 결과, 주로 엔진실과 조종사 쪽에 충격을 받지 않아야함을 알아챌 수 있었고, 통계학자들은 위 사진에서 총탄이 뚫리지 않은 곳에 철판을 덧댈 것을 제안했다. 즉 그들은 엔진과 조종실의 안전이 가장 중요하다는 것을 알아낸 것이다.

나는 이 사례가 우리 검찰에도 많은 시사점을 준다고 생각한다. 검사들에게는 불문율처럼 내려오는 말이 있다. 2만 건이 넘는 사건을 처리한 검사는 검사장이 될 수 없다는 말도 있고, 많은 형사사건을 처리한 검사는 크게 승진할 수 없다는 말도 있다.

왜 그럴까? 적극적이고 의욕적인 검사들은 정말 많은 사건들을 처리한다. 캐비넷에 처박혀 있는 장기 기록들을 밤새 검토하여 기소를 하기도 하고, 불기소를 하기도 한다. 그런데 그렇게 기소한 사건이 법원에서 무죄를 받거나 불기소를 한 사건이 고검에서 재기 수사 명령 등을 받게 되면 벌점이라는 것을 받는다. 즉, 많은 사건을 처리한 검사는 그만큼 많은 벌점을 받게 되고, 그만큼 승진 등에서 불이익을 받을 가능성이 높다. 열심히 본래의 업무를 할수록 손해를 보는 것이다.

약삭빠른 사람이라면 이러한 경우, 민감한 결정을 하지 않고 사건을 처박아 두는 편이 벌점을 받는 것보다 오히려 낫다고 생각할 것이다. 실제로도 그러한 검사들이 있을 것이다.

나는 기소, 불기소 등 일단 어떤 형태로든 처분이 된 사건은 위에서 본 사진 속의, 생환한 비행기 같다는 생각한다. 온몸에 총알구멍이 나서 만신창이가 되어서도 끝내 살아 돌아온 비행기.

해당 검사가 기소, 불기소 등 어렵게 결정을 내린 사건은 어떻게든 세상 밖으로 나와서 평가를 받은 사건이다. 노력을 한 것이다. 이런 사건들에 대해서 검사의 판단이 잘못되었다고 그 검사를 지나치게 제재하거나 질책해서는 안 될 일이다.

눈앞에 밀려든 업무를 책임감을 가지고 열심히 일한 검사에게 결과가 나쁘다고 해서 감점 처리를 한다면 누가 일을 열심히 하려 하겠는가?

오래 방치되어 있는 사건들을 몸 사리지 않고 처리하여, 혹시나 오매불망 기다리고 있을 억울한 피해자나 피의자의 혐의를 하루빨리 벗겨주고, 또 명백하고 나쁜 범행에 대해서는 어떻게든 법적인 결정을 내리고 억울한 사람은 제대로 밝혀 주려는 노력은 제대로 평가받는 것이 마땅하다. 반대로 오랫동안 캐비넷에 박혀 있는 사건들, 그리고 그러한 사건들을 방치하고 유기한 부분에 대해서는 제도 개선이 필요하다.

어떤 검사들은 지금도 밤을 새어가며 신속한 사건처리를 위해서 열정을 불태우지만, 또 그렇지 않은 사례들도 있다는 것을 많은 구성원들은 알고 있다.

장기 미제 사건들이 계속 늘어나고 있는데도 아무런 조치도 취하지 않고 방치되는 사례에 대해서는 더욱 점검하고 신상필벌을 강화하는 조치를 취할 필요가 있다. 모든 사건을 공평하게 처리하되, 정말 정성을 들여 신속하게 처리하여야 한다. 밖에서는 오매불망 결과가 나오기만을 기다리고 있다.

### 사법 절차에 대한 문제점

우리나라는 무죄율이 1~2%에 불과하다. 무죄율이 1~2%라는 것은 검사들이 그만큼 꼼꼼하게 처리하여 공소를 제기했다는 말이다. 그럼에도 잘못 기소하는 경우가 있을 수 있는데, 검사는 공소 취소를 할 수 있다. 공소 취소는 검사가 공소제기 과정에서 공소제기 자체가 잘못되었다고 판단하여 공소제기를 무효화 시키는 절차인데, 검사들은 공소 취소를 하는 것을 절대 받아들일 수 없는 치욕이라고 생각한다. 대부분의 결재들이 차장검사 선에서 끝남에도 공소 취소만은 검사장의 결재를 받도록 규정하여 검사들은 공소 취소 여부가 문제 되면 엄청난 스트레스를 받는다.

미국의 경우, 처음부터 모든 사건에 이런 과도한 정성을 쏟는 방식을 포기(?)하고, 사건 초반에 빨리 기소를 한다. 그 이후에는 피고인으로 하여금 검찰에서 제안한 형량을 받아들일지 말지 선택하게 한다. 미국 검찰의 빠른 공소제기는 이런 플리바게닝이라는 절차와 결합하여 강력한 효과를 발휘한다.

플리바게닝 절차는 판사실에 검사와 변호사가 들어가서 해당 범죄자의 형량에 대해서 논의한다. 예를 들어 경찰관에게 집행에 항거하면서 경찰관을 다치게 한 사례가 올라왔다고 하면 검사는 3년 형을 제시하고 변호인은 1년 형을 제시하는 식으로 진행되었다. 그래서 최종적으로 2년으로 합의하면 판사가 해당 형량을 승인하는 절차를 거친다. 그러고는 법정에 들어가면 구속된 피고인이 와서 플리바게닝된 결과를 듣게 된다. 판사, 검사, 변호사가 피고인 한 명을 두고 해당 형량을 받으라고 피고인을 압박하고 이에 대부분의 피고인들이 심리적 압박을 느끼게 된다. 억울한 피고인들은 플리바게닝 결과를 받아들이지 않고 그렇게 되면 다음 기일로 넘어가게 된다.

그렇게 다음 기일까지 검사의 수사지휘와 경찰에 의한 본격적인 수사가 이루어지게 된다. 예를 들어 CCTV를 확보한다거나 당시 현장에 있었던 참고인들의 진술, 사진 영상, 평소 피고인의 태도 등에 대한 광범위한 증거 수

집이 이루어지고 법원을 통해서 변호인들한테도 해당 자료가 공유된다. 다음 기일이 되면 상황은 훨씬 심각해져 있다. 지난 기일에는 없던 자료들이 더 공개가 되면서 무엇보다 첫 기일에 플리바게닝을 받아들이지 않은 부분을 더욱 추궁한다. 판사, 검사, 변호인이 모두 피고인이 책임을 더 받아야 된다고 공감하고, 이제는 2년이 아니라 최소 3년에서 4년으로 형량이 올라간다. 기일이 진행될수록, 수사를 통해 증거가 더 많아져서 형기가 계속 늘어나는 것이다. 피고인에게 결과를 받아들이라는 심리적 압박이 엄청나게 가해진다. 결국 피고인의 죄가 인정된다고 하면 빨리 플리바게닝에 협조하는 게 좋다고 생각할 수밖에 없는 구조이고, 이는 사법절차를 조기에 종료할 수 있는 강력한 유인이 된다.

  그런데 우리나라는 그런 구조가 아니다. 심지어 구속기간도 불과 6개월에 불과하다. 구속된 사람들은 6개월의 구속기간을 어떻게든 보내고, 이른바 사회재판을 받기를 원한다. 이렇게 불구속된 사건들은 각종 재판지연 전략으로 엄청난 소송지연과 불합리를 야기하고 있다. 즉, 우리나라는 검찰에서 오랫동안 수사를 해서 유무죄를 밝힌 다음에 기소를 하는데, 물론 죄가 없는 사람이 법정에 서서 재판받을 확률은 적은 장점은 있지만, 계속 부인하는 피고인의 경우, 몇 년 동안이나 재판을 받게 되는 문제점이 있다.

  특히 대기업의 회장들, 정부 고위 관계자, 판사, 검사 등 법을 잘 아는 사람들일수록 재판을 질질 끄는 방법으로 계속 재판을 연기한다. 재판을 아무리 연기하더라도 아무런 불이익이나 제재가 없고, 오히려 여론의 관심이 줄어들게 되면 온정주의적 판결이 나는 경향이 강하다는 점을 이용한다. 실컷 구속되었던 피고인들도 6개월이 지나면 구속기간 만료로 무조건 불구속 재판을 받게 되고, 그 이후로 또 몇 년 동안 재판을 받다가 결국 집행유예로 풀려나는 것이 현실이다.

  오랜 기간 동안 변호사를 살 수 있는 재력있는 범죄자들은 재판을 받는 수고로움은 있지만, 재판을 질질 끈다고 해서 구형이 올라가거나 선고형이 올라가지는 않는다. 누구나 돈만 있으면 6개월만 버티면 된다고 생각하고, 누구든 부정한 이익을 많이 걷어서 변호사만 살 수 있으면 된다고 생각할 수도 있는 것이다.

  법원의 판사가 발부하는 구속영장만이라도 6개월에서 기간을 더 늘리는 방안을 고려해 볼 수 있는데, 이는 변호사들이랑 인권단체들이 엄청나게 반대할 것이 분명하다. 구속기간의 문제점을 아는 판사들도 변호사를 하는 순간 구속기간 만큼은 절대 늘려서는 안 된다고 주장하기도 한다.

  일본의 경우 법원의 구속영장은 제한이 없는 것으로 알고 있다. 옴 진리교 교주가 10년 동안 구속 상태로 재판을 받다가 사형 선고되거나 프랑스 출신 카를로스 곤이 일본의 엄격한 구속 상태에서 재판을 받다가 음향기기 상자에 몸을 숨기고 도망간 것도 우리나라에서라면 있을 수 없는 일이다.

  우리나라는 6개월만 지나면 구속상태가 풀리게 되고 가택 구금이라는 것도 없다. 김봉현이 불구속 상태에서 도망칠 수 있었던 것도 결국 부실한 구속제도의 영향 때문이기도 하다.

  결국 유전무죄 무전유죄의 현실과 변호사를 이용해서 재판을 무한정 연장시키는 문제점 등을 해결하기 위한 방법으로 범행 당사자가 해당 형기를 결정할 수 있는 플리바게닝 제도의 도입을 검토해 볼 때가 되었다. 시간과 노력을 들이면 그만큼의 대가가 따르는 원리를 적용함으로써 속도를 높이고 소수의 사건에 집중을 할 수 있게 하는 것이 좋다는 생각을 해본다.

  한국은 처음부터 모든 것을 꼼꼼히 하려니 속도가 느려지고, 속도를 맞추려면 과중한 업무에 시달리게 된다. 그래서 어려운 사건은 미제로 남게 되는

것이다. 무죄율만 다툴 것이 아니라 미제율도 생각해야만 제대로 사법현실을 보는 것이다

  검사도 잘못 기소하였다면 공소 취소 등을 통해서 문제점을 즉각 시정할 수 있다는 유연성을 높여야 할 것이다. 그렇게 되었을 때 형사사법 시스템의 장기 미제 등 문제가 해결될 수 있다고 본다.

# 7.

## 상선약수(上善若水)
### -의성지청장

의성지청장으로 부임하면서 취임사의 일성으로 나는 평소 좋아하고 실천하고자 하는 장자의 문구 중 상선약수(上善若水)를 인용하여 내 생각을 밝힌 적이 있다.

> "이 세상 가장 선(善)한 것은 물과 같은 것이며, 물이 선하다고 하는 것은 만물을 이롭게 하면서도 다툼이 없고, 모든 사람이 싫어하는 곳에 머물기 때문이다. 그래서 도에 가깝다.(上善若水, 水善利萬物而不爭, 處衆人之所惡, 故幾於道)"

물은 이 세상 모든 생명을 키우지만 다투려하지 않고 낮은 곳으로 흐른다. 그러면서 높고 깨끗한 것을 찾지 않고 말없이 아래로 아래로 흘러들어 생명을 만들고 키운다. 이런 물의 성질이 우리가 흔히 알고 있는 선함의 본질이라고 본 것이다.

낮은 곳으로 흐르며 그 존재가 있는 듯 없는 듯, 묵묵히 이 세상 모든 생명을 키우는 물의 흐름은 나에게는 조금 특별한 기억을 떠올린다.

어린 시절 방학이면 놀러 갔던 외가 주변은 전부 외삼촌들이 직접 경작하시던 논들이었고, 나는 논물을 대느라 밤낮을 가리지 않고 다니던 외삼촌들을 보며 자랐다. 특히 가뭄이 심할 때면 온 마을이 자신들의 순서를 기다리기도 했다. 높은 곳의 논부터 물을 대는데 물을 우선 가두어두려면 논둑을 막았다가 터주어야 했다. 그래서 위의 저수지로부터 순서대로 아래로 채워나가게 된다. 위의 논에 물이 가득 고이면 아래 논으로 물이 마른 논바닥을 채우며 고여드는 모습이 신기했다. 논에서 물을 댈 때면 위에서부터 하나하나 채워서 가야지 그 과정을 무시하고 인위적으로 바꾸려고 하면 다른 쪽 논에 문제가 생긴다는 걸 어렸을 때부터 보며 자랐다. 논을 사이에 두고 그런 문제로 서로 시빗거리가 되어 싸우기까지 하는 것을 보면서 새삼 물이 얼마나 중요한지, 평소에는 더러운 진흙탕 물이라고 생각했다가도 농부들이 그 논물을 얼마나 소중하게 생각하는지 알게 되었고, 또 어린 내 눈에는 보이지 않던 규칙들이, 그 논과 하찮고 뜨뜻미지근한 논물에도 온 마을 사람들이 지키는 순서와 규범이 있음을, 그것에 순응하고 있음을 깨닫곤 했다.

그동안 나는 법조인으로 일하며 법이 물처럼 아래로 아래로 넓게 흘러내려 가서 골고루 채워져 널리 미치지 않는 곳이 없기를 바래왔다. 뿐만 아니라 나 또한 물과 같은 사람으로서 물처럼 같이 흘러내려 가고, 채워가며 뒤섞여 함께 일하겠다는 뜻으로 취임사에서 상선약수에 빗대었다.

노자의 말 중에, 가장 좋은 정치는 백성들이 통치자가 있다는 사실만을 알 뿐 스스로 잘 돌아가는 것이고, 그 다음은 통치자가 일을 많이 하여 가깝게 여기는 것이고, 가장 하수의 정치가 통치자를 두려워하는 것이라고 했다.

통치자는 열심히 공을 세우고 일을 이루지만, 백성들은 모든 일이 잘 돌아가기에 누군가가 열심히 일하여 사회가 막힘없이 잘 돌아간다는 사실을 알지 못하는 경지가 최고의 정치라고 꼽았다. 이는 그 사회의 위와 아래의 모든 일원들이 한 마음으로 각자의 일을 열심히 하여 일이 저절로 돌아가는 듯 자연스럽게 흘러감을 말한다.

법이 엄연히 있지만 고루 미쳐야 질서가 유지되듯이, 지청장으로 지내면서도 소리 없이 일하고 또 법이 잘 이루어지게 관리하고 싶었다.

내가 재임하던 대부분의 기간에는, 일선의 검사, 수사관, 직원들의 의중을 받아들여서, 그들이 가장 좋다고 생각하는 부분대로 의사 결정을 하도록 했는데, 별다른 사고 없이 기관장으로서 관리할 수 있었다.

그런데 군위군수 선거를 앞두고는 지역내의 선거가 너무 혼탁해지는 문제가 발생하였다. 그래서 어쩔 수 없이 경북도경의 반부패수사대장에게 전화를 걸어 군위군수 선거가 지나치게 혼탁해지고 있으므로 신속한 수사를 당부하기도 하였다. 의성지청의 인력으로는 도저히 혼탁한 선거를 방지할 수 있는 상황이 아니어서, 인력을 보충해서 관리 감독할 필요성을 느꼈다.

그때 경북도경에 수사를 요청하자마자 두 명이 구속되었고, 의성지청은 전국 검찰청 내에서도 가장 작은 지청이었지만, 가장 많은 선거 관련 정보보고를 하는 청으로 등극(?)되었고, 또 많은 실적을 내기도 하였다.

무엇보다 선거결과가 한쪽으로 치우치지 않게 공정한 선거가 치뤄질 수 있도록 검찰 본연의 역할을 수행한 것이 큰 보람으로 남아있다.


또 그 당시는 코로나가 한창이던 시절이었다.

그래서 코로나라는 전대미문의 전 세계적인 재난 상황으로, 생활에 있어서 어려움은 없는지, 의성지청 관내 사람들을 많이 만나서 그 사람들의 어려움이나 애로사항을 듣는 것에 무엇보다 큰 비중을 두었다.

의성지청장으로 부임하여 한 일 중에서 가장 뜻깊었던 일은 역시 지역의 청년들과 주기적으로 만나서 그들의 애로사항을 들은 것이었다고 생각한다.

지역에 건설업을 하는 청년, 사과농사를 짓는 청년, 카센터를 하는 청년 등 정말 다양한 청년들을 만나서 그 사람들의 살아가는 이야기, 그들이 앞으로 만들고 싶은 우리 마을, 나아가 대한민국이라는 나라에 대한 이야기를 가감 없이 솔직히 들을 수 있었다.

이때 지역의 청년들을 만나봤더니 그들이 삶의 현장에서 체득한 구체적이고 생생한 경험담이 나왔고, 또 나름 진지하면서도 현실적인 대안까지 이미 가지고 있어서 놀랐다.

구체적인 삶의 현장에서 나온 그들의 의견은 나에게 많은 생각을 하게 하였고, 또 그들이 직접 겪은 문제점과 장애는 더 안타깝고 절실하게 다가왔다. 그런 것들은 행정가나 정치권에서 생각지 못한 것들이었고, 어느 한 방향의 일방적인, 그것도 책상머리에서 머리를 싸매고 있어서는 문제점 발견도, 제대로 된 해결책도 나오지 않으며 문제와 답은 늘 현장에 있다는 것을 알게 된 시간이었다.

그래서 늘 현장사람들과 만나야하고, 또 겸허하게 수용하고 해결책을 찾기 위해 같이 노력해야한다는 것을 절실히 깨달았다.

그럼에도 오늘날 정치하는 사람들이 책상이나 회의장 앞에서 명분이나 이념, 이해관계에 따라 똑같은 사안들이 다르게 취급받고 모든 것들이 본질에서 멀어지는 것이 안타깝다.

당파성에 따라 서로 이용만 하고 있는 사이에 현장에서 열정을 불태우고 있는, 진지한 청년들은 울분에 차 있었던 것이 안타깝게 다가왔다. 그래서 기존의 기성세대들도 반성하고 진지하게 그들의 의견에 귀 기울이고 실천해야 한다는 것을 절절히 느낄 수 있었다.

또 하나 그때의 경험 중 기억에 남는 것이 있는데, 많은 사람들이 지방소멸, 인구소멸 등을 걱정하지만, 컨텐츠가 있고 함께 하는 연대 의식만 있다면 지방에서도 충분히 청년들이 발전할 수 있다는 가능성을 엿 볼 수 있었다.

청년 중에는 도시에서 생활하다가 고향인 의성으로 귀농하여 사과 농사를 하는 청년이 있었는데, 그 사과가 포털에서도 검색될 정도로 고품질의 사과였다. 사과를 유기농 방식으로 재배한 다음, 상하지 않도록 하나씩 포장하고 자신의 이름을 걸고 사과를 팔고 있었다.

그는 자신의 일에 대한 만족도와 자부심이 매우 강했던 것으로 기억하고 있다. 그리고 무엇보다 그는 행복해보였다.

일본에서 몇 대를 걸쳐서 초밥집을 하거나 오코노미야끼 등을 하는 집들을 볼 수 있듯이 경쟁력 있는 가내수공업은 반드시 지원하고 보호하여, 지방소멸, 인구소멸을 막는 강력한 유인책으로 만들어야 한다는 생각이 들었다.

또 하나, 청년들에게서 내가 발견할 수 있었던 소중한 자질의 하나는 '함께 하고 있다는 연대 의식'이 남다르다는 것이다.

직전에 의성에서는 대구 신공항 유치를 위해서 주민투표를 한 적이 있었다. 그때는 정말 의성의 많은 청년들이 자발적으로 나서서 주민투표율을 높이기 위해서 열심히 뛰어다녔고, 그러한 추억을 무척 자랑스러워하고 있었다.

그렇게 지역의 발전을 위해 같이 뛰었던 청년들은 자신이 몸 담고 있는 지역에 대한 강한 애정을 가지고, 두 명의 청년이 의성군 의원으로 출마하여 당선되는 쾌거를 이루기도 하였다. 나 또한 그들이 지역의 실재 사안에 적극적으로 참여하여 마침내 이루어내는 것을 보고 대단하다고 생각했다.

그때 그들은 내가 서울에 온 이후에도 청장님이라고 부르며, 아직까지 동생처럼 자주 연락을 하고 있다.

각 지역의 지청장들은 대부분 지역 내에서도 오래전부터 내려오는 관례대로 범죄예방위원들과 주로 교류하면서 법쪽 관련 일만 하기 마련인데, 특이하게도 지역 청년들과 자주 만날 기회를 가진 나를 특별하게 생각했던 듯하다. 의성의 젊은 청년들은 지금도 자신들의 이야기에 귀를 기울여 준 나를 지금도 기억하고 있다. 나 또한 이 부분을 고맙게 생각하고 있다.

# 8.
## 의성의 마늘 도둑은 무조건 구속

    2021년 7월 초순, 대구지검의 의성지청장으로 발령을 받아 의성에 도착해 보니, 어느새 늦은 밤이었다.

    오랜 시간을 달려내려 온 뒤라 도착지가 다가오니 어느새 마음이 놓였고, 차 안 공기를 바꾸기 위해 차 창문을 여니 밀려드는 밤공기 속에 은은히 베여 있는 마늘의 알싸함이 느껴지는 듯했다. 그때쯤 나는 깨달았다.

    그렇다. 경북 의성은 마늘이 유명한 고장이었다. 특히 품질이 좋기로 유명하다. 평소 마늘에 관심이 없는 내 귀에도 들려왔으니 경북 의성 마늘은 전국구임이 분명했다.

    나는 경북 의성에 오고서야 마늘에 관심을 갖게 되었다.

    마늘은 물이 잘 빠지는 석회질 토양에서 잘 자라는데, 의성이 그렇다고 한다. 의성에 있는 금성산은 아주 오래전 형성된, 한반도 최초의 화산 분화구가 있었고, 게다가 수십 번의 화산 폭발을 거치면서 마늘 농사에 비옥한 토질이 생성되었다고 한다.

덕분에 나는 의성에 있는 동안, 온갖 마늘이란 마늘은 다 먹은 듯하다. 온갖 반찬이 되어 올라오는 마늘은 그렇다치고, 흑마늘에 흑마늘 엑기스며, 마늘 먹은 소고기까지 정말 마음껏 먹을 수 있었다.

지청을 오고가며 마늘의 수확기가 되어 누런 잎을 달고도 수확하지 않고 있는 마늘밭을 보고는 의문이 들곤 했다.

'저 귀한 마늘을 왜 저렇게 밭에 방치해두는 걸까? 혹시라도 훔쳐 가는 사람은 없을까?'

곧 그 의문에 대한 답을 알 기회가 있었다.

2022년 6월 말 어느 날.

점심을 먹고 귀청하는 중에 의성지원장님이 땀을 뻘뻘 흘리며 봉고차에서 내리는 것이 아닌가? 평소에도 친하게 교류하던 분인지라 오지랖 넓게 어디 다녀오시냐고 물었더니 '마늘종'을 빼오는 길이라면서 봉고차에서 마늘종을 한 아름 걷어 내리고 있었다.

지역민들에게 마늘 봉사를 다녀오시는 길이라고 하시면서 감개무량한 표정을 지으셨다.

더운 여름에 마늘종을 뽑는 봉사를 다녀오신 것이 부럽기도 했고, 또 마늘의 고장이라는 곳까지 왔는데, 마늘을 직접 손으로 만지고 눈으로 보지도 않는 것은 안될 말이었다. 그래서 직접 확인을 해봐야겠다는 생각에 청으로 돌아와서 서둘러 마늘 봉사 일정을 잡도록 하였다.

그렇게 6월 말의 뙤약볕이 떨어지는 어느 날, 비장한 표정의 의성지청 직원들은 마늘밭에 서게 되었다.

마늘밭 주인은 7-80대 노년의 할머니셨는데, 눈에 띄게 우리를 반기셨다.

너무나 인상적으로 우리를 반기셨는데, 그 이유가 마늘 수확 작업이 너무 힘들어서 하루 일당이 17만 원까지 치솟아 올랐고, 그럼에도 할 수 없이 17만 원을 주기로 하고 중국인 인부 3명을 구해 놓았는데, 19만 원을 준다는 다른 밭으로 그 사람들이 모두 가 버렸다는 것이었다. 그러던 차에 우리가 도착했으니 얼마나 반가웠겠는가? 그것도 무보수의 자원봉사라는데, 할머니로서는 돈을 떠나 너무도 절실한 일이었을 것이다.

그렇게 우리 일행의 마늘밭 봉사가 시작되었다.

우리가 할 일은 마늘을 밭에서 뽑아 흙을 털어내고 4~50포기씩 마늘들을 갈라서 묶는 것이었다.

사실 우리 지청 사무실 사람들은 평생 마늘을 뽑아본 적이 없기에 마늘이 뿌리라는 것은 알고 있었지만, 마늘 뿌리를 땅에서 뽑아내기가 그렇게 힘든 일이라는 것은 몰랐다.

우리 의성지청 팀은 마늘밭 두 이랑을 맡기로 하였다. 사실 밭의 두 이랑은 밭 전체로 보기에는 만만한 것이었다. 하지만 이런 안이한 생각은 채 10분도 가지 못했다.

우리는 마늘 한줄기의 뿌리가 그렇게 힘이 센지 알지 못했다. 일단 마늘만으로는 알지 못했던 많은 개체수의 뿌리들이 땅속의 흙을 강하게 움켜쥐고 있었고, 그것을 뽑는 데는 엄청난 힘이 들어갔다. 게다가 허리를 숙이고 하는 작업이다 보니 허리를 제대로 펼 수 없었고, 나중에는 허리가 부러질 듯 아파왔다. 대낮인데도 눈앞에 별이 보일 지경이었다.

또 뿌리를 뺄 때는 힘의 강약이 중요했다. 너무 힘을 줘서 빼버리면 마늘과 줄기가 분리되어 떨어져버렸고 그러면 마늘 뿌리를 호미로 캐내야 했다. 줄기가 있어도 뽑기 힘든 뿌리를 줄기도 없이 캐내는 것은 또 얼마나 힘든 부수적인 작업인지........ 일머리라고는 없는 우리 뒤를 주인 할머니가 따라

다니면서 호미로 마늘을 파내라고 일일이 잔소리하시는 것은 또 덤이었다.

그렇게 작업은 더디게 더디게 계속되었고, 4시간을 꼬박 채워서 12시가 되었는데도 우리가 맡은 두 이랑은 전혀 끝날 기미가 없었다. 원래 계획했던 일정으로는 8시부터 12시까지의 4시간 작업을 하고 점심 식사를 마친 다음에 청으로 복귀하는 것이었다.

주인 할머니는 시간은 모르겠고, 내심 우리가 맡은 두 이랑의 일을 다 마치기를 바란다는 듯, 가지 말고 더 작업을 해 줬으면 하는, 너무나 애처로운 눈빛을 하고 있었다.

지칠대로 지친 직원들은 시간도 되었으니 이제 청으로 복귀하고 싶어 했고, 조금이라도 더 일을 해줬으면 하는 할머니 사이에서 고민하다가 나는 그래도 우리가 맡았던 이랑까지는 작업을 다 하자고 결정하고 다시 한번 직원들을 독려했다.

결국 1시 30분이 되어서야 모든 작업이 끝났고, 늦게 식당에 도착하니 우리가 먹기로 했던 갈비탕은 모두 동이 나고 없었다.

머릿속에 맛있는 갈비탕이 기다리고 있는 것을 그리며 힘든 일을 참아내었던 직원들은 다시 한번 실망해야만 했다. 결국 늦은 점심을 비빔밥으로 대충 때우고 청으로 복귀했다. 반나절이 지났을 뿐인데도 몸은 천근만근이었고, 실제로 그 일 이후 일주일간은 온몸이 쑤실 정도로 몸살을 앓았다.

그날 청으로 복귀하는 차 안에서 옆에 계신 사무과장님께 물었다.

"마늘들이 땅에 심지가 깊이 박혀서 마늘 도둑은 없겠는데요?"

"아 청장님, 마늘 도둑들은 땅에 박혀 있는 마늘은 절대 훔쳐가지 않습니다. 오늘 작업해 보셔서 아시겠지만 뽑는 게 너무 힘들거든요."

"아... 그렇다면 가끔씩 올라오는 마늘 절도 사건은 어떻게 된 것들이죠?"

"오늘 뽑은 마늘들은 바로 파는 것이 아니라 집으로 가져가서 최소 한 달

정도는 말려야 됩니다. 마늘이 건조되고 단단해져야 유통도 잘 되고 상품성이 좋습니다. 마늘 도둑들은 저렇게 말리고 있는 집에 몰래 들어가서 말린 마늘을 통째로 걷어갑니다. 딱 팔기만 하면 되는 것들만 가져가는 거죠."

나는 말문이 막혀서 한동안 할 말을 잊었다. 이렇게 고통스러운 노동을 거쳐서 겨우 얻은 작고 소중한, 그것도 금액으로만 설명할 수 없는 농산물을 한순간에 빼앗긴 노년의 농부들은 도대체 어쩌란 말인가? 탈취가 있어도 정도가 있지. 노동 하나 보태지 않고 하나의 수고로움 없이 완전히 상품이 된 것들만 훔쳐가다니, 노년의 농부들에게서 1년 치의 피 땀 눈물을 걷어가는 마늘 절도범들!!

끓어오르는 분노를 참을 수가 없었다. 절대 용서하고 싶지가 않았다.

나는 복귀하자마자 검사들에게 당부했다.

"앞으로 마늘 절도범들은 무조건 구속하고, 모두 실형을 받도록 엄벌합시다."

물론 검사가 할 수 있는 일은, 법이 인정하는 한 최대로 벌을 내리는 거지만, 내가 다른 것으로 할 수 있다면 마늘 도둑은 죄질에 따라 몇 년 동안, 아주 아주 오랫동안 무보수로 마늘 뽑기 봉사를 시키고 싶었다.

솔직히 말하면 지금도 시골의 농산물을 훔치는 사람들에게는 "눈에는 눈 이에는 이", 라는 팃포탯(tit for tat) 전략을 쓰고 싶은 마음이다.

# 9.
## 20년 후의 만남
### - 동창회

누구에게나 힘든 고 3.

나는 창원 경상고등학교 3학년 3반 반장이었고, 반 친구들과 함께라서 그 길고 어려운 터널을 무사히 통과할 수 있었다. 뭐 사실 고등학교 3학년 시절이야 다들 대학입시 때문에 발등에 불이 떨어져서 반장이 크게 할 일은 없었지만, 그래도 반장은 반장이었다.

고 3 시절 우리 3학년 3반은 매일 밤 9시경 간식을 먹었다.

아침 일찍부터 거의 새벽까지 별 보기 운동을 계속하던 시기이고, 한창 혈기 왕성한 시절이라 돌아서면 배가 고프던 그 시절, 간식은 우리에게 삶의 유일한 낙이었다. 그래서 반장의 가장 중요한 임무, 아니 우리 어머니의 가장 중요한 임무 중 하나는 반 번호 순서대로 친구들 어머니께 연락을 드려 간식을 마련해서 3학년 3반으로 공수하는 일이었다. 아들들이 고 3 힘든 시절을 보내느라 뭐라도 더 해주고 싶어 하는 것이 부모의 마음인지라 간식은 날이 갈수록 더욱 발전에 발전을 거듭하였다. 처음에는 빵과 우유 수준으로 나오던 것이 어느 순간에는 햄버거가 나오는 날도 있었고, 양념치킨이 배달되는 날도 있었다. 맥주가 없었을 뿐, 우리 3학년 3반은 고등학교 시절부터 탄산음료로 치어스를 외치며, 사회에 나갈 준비를 하고 있었던 것이다. 매일 밤 풍성한 간식을 먹고 피둥피둥 살이 쪄가는 모습을 다른 반 친구들이 너무나도 부러운 눈으로 봤던 것은 두말할 필요도 없었다.

고 3 시절, 담임선생님은 기갑부대에서 탱크를 몰다가 전역하신 장교 출신의 영어선생님이셨다. 체구는 크지 않으셨지만, 다부진 체격과 위엄있는 말투는 전형적인 기갑부대 전차의 모습과 닮아 있었다. 그래서 우리 반 급훈도 "탱크주의"였다.

당시 대우전자에서 고장 안 나는 제품이라는 것을 강조하기 위해, 기본에 충실하자는 의미로 "탱크주의"라는 광고가 열풍을 불러일으킨 직후였다.

우리 3반의 급훈 "탱크주의"도 학교 내에서 큰 반향을 불러일으켰다.

탱크주의라는 급훈을 칠판 옆에 걸고, 별만 보면서 공부에 매진하던 그 시절에도 체육대회 행사는 열렸다. 아무리 공부에 집중해야 되는 고3이지만 체육대회 행사만큼은 우리에게도 축제의 시간이었다.

다른 반들과 어떻게 차별화를 할지 몇몇 패기 넘치는 친구들과 머리 모아 고민하였다. 먼저, 옷을 만들기로 했다. 빨간색으로 선정적이게~ 그리고 그 빨간색 바탕에 탱크를 그려 넣기로 하고, 탱크 밑에는 탱크주의를 의미하는 "Tankism"이라는 단어를 써넣기로 했다.

평소 잔뜩 섭취한 간식으로 인하여 평균 체중이 크게 증가한 우리 반으로서는 운동종목으로 순위권에 들기는 어렵다고 판단, 응원전에 집중하기로 했다. 그래서 마련한 것이 노래방 기계였다.

체육대회 당일 가히 전교 학생들의 시선은 탱크가 그려진 빨간색 깔맞춤한 옷을 입은 우리 반 친구들과 운동장에 쩌렁쩌렁하게 울려 퍼지는 노래방 기계음에 쏠렸다. 비록 음주 없는 가무였지만 여러 선생님과 친구들이 저마다 한 곡씩을 뽑으면서 붐업에 동참하였고, 우리는 예측대로 운동 종목에서는 순위에 들지 못하였지만 응원상이라는 쾌거를 달성할 수 있었다.

그 후로 오랜 시간이 지났지만 3학년 3반 반장이라는 책임감은 고시 공부를 하고 사회생활을 하는 데에도 늘 따라다녔다.

내가 졸업한 경상고등학교는 전통적으로 졸업 20주년 기념식을 한다.

성년이 되자마자 사회라는 큰 바다로 나가 이제 가정과 직장에서 자리를 잡고 드디어 떠났던 고향을 다시 한번 방문하게 되는 것이다. 그래! 다시! 창원에 모이는 것이다.

우리는 1997년 2월에 졸업을 하였으니, 2017년이 졸업 20주년이 되는 해였다. 2017년이 가기 전에 졸업 20주년 기념식을 해야 한다는 얘기가 자연스럽게 나오게 되었고, 그러한 작업 역시 3학년 3반 친구들이 같이 진행하자고 마음을 모으게 되었다.

졸업 20주년 기념식은 생각보다 준비할 것이 많았다.

일단 최대한 많은 친구들을 그날 같은 자리에 불러야 했다. 또한 은사님들을 초대하고, 축사 준비와 선생님들께 드릴 화환과 선물 준비, 그리고 축가, 스승의 은혜 합창, 교가 합창 등 2시간여 진행되는 행사였지만, 실제로 준비는 최소 석 달 이상이 걸리는 긴 프로젝트였다.

먼저 제일 중요한 것은 졸업 20주년 준비위원장을 누가 할 것인가 하는 것이었다. 준비위원장은 20주년 기념식을 한다는 사실을 외부에 알리고, 행사

진행을 위한 후원을 받고, 은사님들을 직접 찾아뵙고 모셔 오는 등 책임이 막중한 자리였다.

나는 당시 법무부에서 근무하던 시절이라 창원에까지 내려오기가 쉽지 않아 그 자리를 고사해야할 상황이었지만 친구들은 끝까지 내가 맡아야 한다고 고집하였다.

당시 법무부 검찰국은 매일 새벽까지 일하고도 업무가 밀려 주말에도 출근할 정도로 힘든 일정이었다. 그럼에도 친구들은 내가 꼭 맡아주어야 한다고 했다. 학창시절 보았던 나에 대한 믿음이 아직도 강하게 남아있음을 느꼈다. 마치 떠났다가 다시 돌아온 영웅이라도 된 듯 나를 추켜세웠다.

친구들의 기억은 같이 말썽도 피워가면서도 공부는 열심히 했던 반장, 믿고 맡기면 반드시 해내고야 마는 우직한 사람으로 나를 기억했고, 나 또한 그렇게 믿어주는 친구들이 있어서 해내지 못할 일이 없을 듯했다.

주중에는 서울에서 국회로 가서 적절한 법에 대해 자료를 모으고 국회의 여러 사람들을 만나 설명하는 등의 일을 하고, 주말이면 창원으로 내려와 졸업 20주년 기념행사를 준비하는 등 정신없는 일정이었지만, 옆에서 응원해주는 친구들과 선배들 덕분에 힘든 줄 모르고 행사를 추진할 수 있었다.

매주 뻔질나게 창원으로 내려와 옛 친구들과 모여 일을 추진하니 다시 새록새록 창원의 이모저모에 대한 오지랖도 생기고, 애정과 자부심도 생겨났다. 창원의 여러 현안에 대해 생각하게 되었고 친구들도 창원의 다양한 정보와 사람 살아가는 이야기를 들려주었다.

하지만 졸업 20주년 준비위원장의 역할이 쉽지만은 않았다.

행사 준비에 들어가니 모든 부분이 돈과 연관되어 있다는 것을 알게 되었다. 돈이 많으면 좋은 호텔을 빌려 좋은 선물과 좋은 음식을, 자금이 부족하면 허름한 곳에서 다소 아쉽게 행사를 진행할 수밖에 없는 것이 엄연한 현실이었다. 그래서 돈이 필요했다. 그러니 후원금을 받기 위해 현직 검사라는 신분은 잠시 제쳐둔 채, 졸업 20주년 기념식을 위해서 발품을 팔 수밖에 없었다. 다행히 많은 선배님들이 적극적으로 도와주셨고, 그동안 사회에서 성공한 동기 친구들도 생각보다 큰 금액을 선뜻 건네주었다. 정말 고마운 순간이었다.

물론 반응이 늘 좋기만 한 것은 아니었다.

후원은 하지 않고 잔소리만 잔뜩 늘어놓는 선배들도 있었고, 마치 후원해줄 것처럼 얘기를 해놓고는 결국 약속을 이행하지 않은 분들도 있었다.

그렇게 우여곡절 끝에 준비한 경상고 21기 졸업 20주년 기념식은 당시 가장 핫플레이스였던 창원 풀만 호텔에서 성대하게 개최되었다.

우리가 모셨던 1반부터 10반까지 은사님 열 분이 모두 참석하셨고, 수업에만 오셨던 선생님도 세 분이나 오셨다. 친구들도 대략 100명 정도가 모여서 오랜만에 반가운 얼굴들을 만날 수 있었다. 생각보다 많은 사람들이 호응해주어서 감동과 열기가 컸다.

그동안 힘들게 준비했던 피로가 싹 풀리는 순간이었다. 지금도 그동안 고생했던 모든 것을 잊고 초청 가수의 반주와 함께 기차놀이까지 하면서 즐기던 그 순간이 떠오른다.

돌이켜 보면 절대 혼자서는 이룰 수 없는 프로젝트였음에도 주변의 친구들이 몸과 마음으로, 진심으로 도와준 결과 그 어느 때보다 화려한 20주년 기념행사를 열 수 있었다. 걱정했던 자금 부분도 충분한 상황이라 남은 돈을 전체 동문회에 일부 기부도 하고, 향후 동기회 행사를 도모할 수 있는 재원으로까지 남길 수 있게 되었다.

그때 함께 준비한 친구 둘은 지금도 만나면 그때의 추억들을 늘어놓는다.

유세차처럼 하나의 차에 타고 여러 곳을 돌아다니면서 졸업 20주년을 홍보하고, 또 조금이라도 기부를 받기 위해서 뛰어다니던 시간이었다. 다시 하라고 하면 못하겠지만 젊은 날의 뜨거운 한순간이자, 3학년 3반 반장으로서 책임감이 나를 한층 업그레이드 시킨 그런 순간이었다.

  20년 만에 친구들과 선생님들을 만나서 그때 그 시절로 돌아간 듯 그저 좋았고, 또 우리 친구 몇몇이 마음을 모아 그동안 잊혀지고 있었던, 실행되지 않던 오랜 전통을 꺼내와 실현시켜 내었기에 내게는 더더욱 잊지 못할 경험이었다.

# 10.
## 검사발(發) 뉴스에 대한 유감

왜 우리나라 검찰은 뉴스에 자주 등장할까?

요즘 뉴스의 1면을 장식하는 뉴스 중 상당수는 검찰발 기사로 도배되어 있다.

"어디를 압수수색 했다."

"누구를 구속하였다."

검찰총장이 어떤 말을 했다는 얘기까지 1면 뉴스에 등장하고 있다. 검사의 개인 비리가 국정감사에서 논의되기도 하고, 술자리에서 있었던 일들까지 뉴스에 나오기도 한다.

특히, 검찰에서 유력한 대통령 후보의 비리 여부에 대한 혐의점을 판단(BBK 사건)하거나, 대통령 탄핵의 결정적 원인이 되는 사건을 수사(국정농단 사건)하는 경우, 전국민적 관심 속에 수사 상황을 실시간 중계하기도 했다. 영화에서도 검찰에서 어떤 수사를 착수해서 전국민들이 그 뉴스를 보는 장면이 심심찮게 등장한다.

검찰발 뉴스가 1면에 등장하는 것은 사실 유쾌한 일은 아니다.

검사들의 일상은 사실 단순하다. 매일매일 출근하여 기록과 싸움하는 공무원이다. 법률전문가로서 국가의 쓰임에 따라 일을 하는 중립적인 위치에 있어야 할 국가공무원이다. 그럼에도 날마다 뉴스에 언급될 만큼 검사의 일이 우리 사회의 이슈가 되는 것이 바람직한지 모르겠다. 검사가 전면에 나서서 그 사회의 시류를 주도한다는 것은 권력형 사법 분쟁이나 비리가 발생했다는 것으로 그 사회로 봐선 불행한 일이다. 검사실에 있으면 법조 출입 기자들이 많이 오는데, 매일 와서 하는 얘기가 요즘 취잿거리가 없다는 것이다. 그럼 나는 항상 얘기한다. 그게 정상이라고. 법조 출입 기자들도 1/5로 줄어야 정상이라고.

검찰이 다루는 것은 과거에 벌어진 비리나 사건 사고들이다. 미래에 대한 전망이나 가능성을 다루는 세계가 아니다. 보다 과거지향적인 것, 그것이 아무리 중요한 수사라고 하더라도 뉴스의 중심에 서서 국민들의 이목을 모두 집중하도록 하는 것은 비생산적이고 후진적인 상황이라고 본다.

미래가 보이지 않고, 제대로 된 전망도 할 수 없는 사회는 불행하다. 적어도 지금보다는 조금 더 나아져야 되지 않을까라는 고민이 필요한 시점이다. 서로 과거의 과오나 잘못만 따지며 시간을 보내는 것은 얼마나 소모적인가. 나는 검찰 대신 과학계의 새로운 발견, 기술의 발달 같은 것들이 우리 언론에 더 많이 다뤄지는 날이 하루빨리 왔으면, 하고 생각해 본다.

검사는 사건의 기록을 통해 세상을 바라보고 판단한다. 사람과 기록이라는 프레임으로 세상을 보는 것이다. 사람들은 개인적 경험을 통해 얻은 편협한 지식에 의해 세계상을 그릴 수밖에 없다. 검사도 형사사건이라는 기록을 통해서 세상을 바라보기에 다양한 시행착오를 겪을 수 있다. 영화나 TV에서 보는 것과 달리 대부분의 검사들은 남이 만든 기록을 보고서 판단을 하거나 본인이 만든 기록에 따라 스토리를 만들어간다.

AI 기술이 발달하여 세상에 일어나는 모든 일들을 실시간으로 기록할 수 있는 시대가 올 수 있을까? 그런 일이 실현되기가 쉽지는 않겠지만, 검사들이 바라보는 기록만이 세상의 전부라고 생각하거나 그러한 이야기 외에 다른 이야기는 존재하지 않는다는 생각만큼 위험한 생각도 없을 것이다. 끊임없이 검찰청 밖 외부의 사람들이 어떠한 욕망을 추구하고, 그러한 욕망은 어떠한 한계에 부딪히며 결국 어떻게 성공하고 실패하는지에 대해서 끊임없는 관심과 애정어린 시선으로 세상을 봐야하는 이유이기도 하다.

나도 그랬지만, 검사가 된 사람들은 오래전부터 본인이 검사가 되기를 희망하고, 오랜 기간 준비해왔던 사람들인 만큼 법무부의 합격 전화를 받으면 감격하여 그 자리에서 울거나 고함을 지르면서 뛰어다니는 경우도 꽤 있다. 나도 법무부 검찰과 검사로부터 검사로 임관하게 되었다는 그 전화를 생생하게 기억한다. 검사가 되었다는 것만으로 가문의 영광이라고 생각해야 된다는 선배들의 이야기를 계속 들어왔다. 어느 보직에 있던 검사라는 것에 대해서 자부심을 가지라는 말도 자긍심을 심어주었다. 법질서 확립과 국민의 기본권 보호라는 현대 시민사회의 중책을 맡아 불철주야 그 역할을 충실히 수행하는 곳, 선배들의 지혜와 노력이 검찰시스템이라는 제도를 만들고, 현재도 범죄로부터 국민들을 보호하고 대한민국의 최고의 법률전문가들이 대한민국의 미래를 위해서 본인들의 현재를 희생하고 있는 곳이 검찰이라고 감히 말할 수 있겠다.

그렇게 입사한 검찰은 일방적 상명하복의 경직된 조직이었다. 위계질서가 명확하여 사법연수원 기수를 뛰어넘어 한 단계 위로 승진하는 것이 허용되지 않는 곳, 권위와 절제에 기반하여 품위 있는 행동을 요구하면서, 군인같이 술을 마시더라도 흐트러짐이 없는 것을 미덕으로 여기는 회사였다.

모 대학원에 검찰청과 검찰에 대해서 설명해 주는 강연을 간 적이 있다. 이공계 대학원이었음에도 어떻게 하면 검사가 되는 것인지, 검사는 구체적으로 어떤 일을 하는 것인지, 검찰청은 어떠한지를 궁금해하는 사람들이 많다는 것에 흠칫 놀란 적이 있다.
그만큼 검찰청이라는 곳이 다른 국가기관과 달리 언론의 주목을 받으면서, 사람들의 관심을 끌고 있는 듯했다. 검찰이 우리 사회에서 어떠한 역할을 하는지, 큰 관심을 받고 있는 것은 분명한 듯 했다.

앞으로 검찰도 더 발전하고 변해야 한다. 변하지 않으면 도태되고, 도태되면 사라지는 것이 요즘 세상의 트렌드이다. 큰 혁신과 발전은 자유로운 도전 속에서 나온다. 오늘의 K-POP과 영화, 드라마 등이 전세계적인 센세이션을 불러 일으킨 것은 '지원은 하되 간섭하지 않는다'는 정책의 산물이라는 평가가 많다. 검찰도 이러한 점을 참고할 필요가 있다. '새로운 변화와 도전에 망설이지 말고, 실패에 너무 쫄지 말기'를 바란다.

검찰 본연의 업무는 사건처리다. 장기 사건의 수를 줄여야 된다. 그것에 적극적이지 않는 검사들은 과감하게 페널티를 줘야 된다. 많이 처리한 검사들이 무죄나 재기수사명령을 받더라도 심각한 실수가 아니면 과감히 넘어갈 수 있어야 한다.

내가 검찰에 입사한 이후, 검찰청을 표시하는 영문 표기가 Prosecutor's Office에서 Prosecution Service로 바뀌었다. 검찰권 행사가 국민에 대한 서비스라는 것을 확실히 한 것이다. 서비스는 신속, 정확이 생명이다. 검찰도 검찰권 행사를 신속, 정확하게 해야한다. 그리고 그렇게 작동될 수 있도록 시스템과 제도를 대폭 개선해야 한다. 그 목표를 달성하기 위해 다양한 시도와 실패를 허용하는 자세가 필요하다.

검사들 스스로도 너무 완벽하려는 환상에서 벗어나야 한다. 검찰이 다루는 업무가 인신 구속이나 압수수색 등 일반 국민들에 미치는 영향이 큰 영역이라서 실수를 하지 않겠다는 긴장감은 당연히 가져야 한다. 하지만, 지나치게 소극적인 자세로 결정을 미루거나 다른 곳으로 도망가는 것은 더 나쁜 방향이라는 점을 명심하면 좋겠다. 열심히 하되, 실수와 실패가 있으면 방향을 전환할 수도 있다는 점을 겸허히 받아들이면 좋겠다.

내가 근무하는 동안, 검사들은 완전무결해야 한다는 강박 관념에 쌓여서 자기가 한번 결정한 부분을 번복하기를 죽는 것보다 싫어한다는 느낌을 받은 적도 있었다.

자신이 기소한 사건이 무죄판결이 선고되면 이를 인정하지 않고 법원 판사들이 잘못 생각한 것이라며 같은 말을 앵무새처럼 반복하는 경우를 많이 본다. 그로 인해서 재판을 받는 피고인들이 몇 년씩 고생하면서 해당 검사에 대해서 원한을 쌓게 되는 경우도 많이 보았다. 기소가 명백히 잘못되었는데도 절대 공소 취소를 못하게 갖가지 기술을 발휘하거나 형식적 항소 후에 항소가 잘못되었다는 것을 인지하였음에도 항소 취하를 절대 할 수 없다고 주장하는 경우도 있다.

레바논 출신의 미국 인식론자인 나심 탈레브는 본인의 명저 「안티프레질(anti-fragile)」에서 '혼란과 압력이 가해지면 (무너지는 것이 아니라) 오히려 시스템이 건강해지고 성과는 좋아지는 성질'을 보이는데 이것을 활용하는 것이 중요하다고 하였다.

왜냐하면 현대사회는 너무 다양한 위험성에 노출되어 있기 때문에 그때그때의 모든 위험을 사전에 감지하는 것은 사실상 불가능하다는 것이다. 그러므로 스스로 혼란에 빠뜨림으로써 그 취약성이 뭔지를 파악하고 그것을 오히려 성장의 발판으로 삼는 방식만이 살아남을 수밖에 없다고 주장하였다. 복잡한 현대사회는 위험 또한 다양하고 상존하므로, 다양한 실패의 경험을 스스로 경험할 필요가 있다는 말이다. 그래서 가능한 많은 실패를 경험하고, 여러 경험을 통하여 인적 자본과 사회 자본을 한 장소가 아닌 분리된 여러 장소에 분산함으로써 아메바형으로 많은 자본을 유지하는 것이 훨씬 중요하다고 보았다. 오늘날처럼 한 치 앞을 내다보기 힘든 사회에서는 겉으로 보기에 완전무결해 보이는 시스템이 실로 매우 취약하다는 정보는 연일 뉴스에서 확인되고 있다.

조직의 견고성에 집착하기 보다 다양한 위험에 대비하고, 개개인의 역량을 키우면서 조직적으로 대처하는 것이 실로 중요해지는 시대다.

**11.**

# 지하경제 양성화,
# 불법 도박자금은 어디에?

서울중앙지검 형사 9부에서 전담한 업무는 보험, 사행행위 관련 업무들이다.

보험은 주로 보험사기 사건을, 사행행위는 불법 스포츠 토토 등 불법 사행성 도박과 관련된 사건이 주로 송치되었는데, 피해규모가 일반인들의 상상을 초월할 정도로 엄청나다는 것을 사건들을 맡고서야 알게 되었다.

특히 불법 인터넷 도박 등에 투여되는 도박 금액 수는 상상을 초월하는 것이었는데, 실제로 사행산업통합감독위원회가 발표한 제4차 불법도박 실태조사에 따르면 2019년 기준, 불법 도박 시장의 규모는 2019년에 81.5조 원(합법사행사업 22.4조 원의 3.6배)으로 이 중 불법 온라인 도박의 규모는 54.5조 원으로 추정되고 있다.

또, 불법 온라인 도박의 경우 종류별 액수를 보면, 스포츠토토 등 도박이 20.5조 원으로 가장 많고, 그 이후로 바카라 등 카지노 10.6조 원, 즉석·시간 사행성게임 8.2 조 원 등의 규모를 이루고 있는 것으로 파악되고 있다. 2019년 기준 우리나라 정부 예산이 469조 6,000억 원이었다는 것을 감안하면 실로 불법 도박시장의 규모가 얼마나 큰지를 짐작할 수 있다.

불법 사행성 도박 게임 시장은 그동안 여러 차례 강력한 단속과 처벌에도 날로 지능화, 고도화하면서 현재 서버들은 태국, 필리핀 등 동남아로 완전히 이전해 버렸고, 아예 프로그램 자체도 해외에서 개발하여 사무실 세팅부터 해외의 사무실에서 하는 등 그야말로 국제적, 전문적인 영역, 뛰는 놈 위에 나는 놈인 세상이 되어 있다.

요즘에는 나라별로 안정적으로 컴퓨터 서버와 인터넷망을 갖추고, 그리고 경찰 단속을 얼마나 줄여주느냐에 따라 컴퓨터 1대당 금액도 다르게 받고있는 실정이다. 편하게 도박할 수 있는 장소를 찾아, 이른바 '도박 찾아 삼만리'가 계속되고 있는 것이다.

그런데, 더욱 안타까운 현실은 이러한 불법 인터넷 도박 자금이 계좌를 국내에 두고 있는 것이 아니라 해외에 계좌를 두고 있는 상황이고, 단속이 되는 경우 해외에 있는 계좌가 외국에서 거래정지가 되는 등 반환이 모두 묶여 버린다는 것이다. 물론, 불법적인 돈이긴 하지만, 이 얼마나 안타까운 일인가?

그 불법적인 자금이 모두 국가기관에 환수되어 양성화될 수 있다면 지하 경제 양성화가 아니고 무엇이겠는가? 도박에 빠진 사람들은 동서고금을 막론하고 존재하였고, 특히 우리나라 사람들 중에서도 도박을 좋아하는 사람들이 많다는 것도 이미 많이 알려진 마당에 이러한 현실을 외면하고 해외 사이트에 불법적으로 접속하여 그 돈을 해외계좌로 보내고, 돈을 찾지 못하는 안타까운 현실, 이렇게 해외에 도박자금의 돈이 유출된다는 부분을 막을 수는 없을까? 도박자금이야 몰수, 추징되거나 범죄수익으로 환수되어야 하는 불법자금이지만 엄연히 우리나라 국민들의 지갑에서 나간 돈이고 그 돈이 외국으로부터 회수되지 않는다면 대한민국 차원에서 국부유출인 것은 사실이다.

2020년 대검찰청 해외불법재산합동조사단에서 파견되어 해외에 있는 자금의 몰수, 추징, 범죄수익 환수 업무를 담당했는데, 이러한 자금 회수의 문제에 있어서는 국가상호간의 상호호혜나 상부상조의 관점보다는 철저히 자신들의 이익에 따라 움직이고 있다는 것을 절실히 느낄 수 있었다.

실제 업무를 해보니, 테러범들에 대한 국제적 공동대응, 국제관계에서의 사법적 정의 구현을 중요시하는 미국 정도나 우리나라 측 요구를 받아들여 범죄수익들을 돌려줄까, 다른 나라들의 경우는 정말 언감생심이었다.
불법 도박자금이 우리나라 국민들의 지갑에서 나갔음에도 중국, 필리핀, 태국 등 외국의 입장에서는 그 돈을 몰수하여 본인들의 나라나 본국의 사람들을 위해서 사용할 수 없다면, 본인들 입장에서는 이러한 자금의 회수에 협조할 의사가 전혀 없음이 당연한 것이다. 어떤 사범은 보이스피싱 등을 통해서 취득한 자금으로 중국의 회사 지분을 매입하였고, 실제 그 회사는 매출이 엄청나게 커져서 그 지분 가치가 수십배 뛰었음에도 우리 측의 '보이스피싱 피해로 인한 피해 자금으로 해당 지분 매각 후, 자금 회수 요청을 한다'는 국제공제 요청에 전혀 응하지 않는 사례도 있었다. 국제정치가 철저히 자신들의 경제적 이익의 관점에서 접근하는 것을 보고 있노라면 오히려 외국에서는 한국 사람들이 자신들의 나라에 와서 카지노 등 도박을 하는 것이 나아 보였다.

유력 대권주자들도 국내 카지노 유치에 대해 공약을 한 적이 있다. 아마 이러한 부분, 풍선효과로 인하여 우리나라의 시장을 규제하면 외국으로 도박자금이 흘러가고 결국 우리나라 경제에 악영향을 미치는 부분을 고려하지 않았나 하는 추측이 든다. 해외에 있는 서버나 계좌를 통해서 우리나라 자금이 계속적으로 해외로 유출되고 범죄수익 환수도 이루어지지 않는 상황이라면 우리나라에서 오히려 제2, 제3의 강원랜드를 만드는 것은 어떨까? 아니 싱가포르에 있는 마리나베이샌즈 같은 호텔과 카지노를 유치하면 어떨까? 아름다운 바다와 섬이 즐비한 창원이 국제적인 호텔과 카지노를 갖추는 것이 먼 미래의 일이 아니기를 기대해 본다.

내국인의 도박 빈도가 지나치게 늘어나는 것이 걱정이라면 내국인의 출입을 전면 통제하거나 도박 금액 액수를 현저하게 낮추도록 하고, 인근 중국, 일본, 동남아 사람들을 적극적으로 유치하도록 하는 것은 어떨까? 물론 다양한 사회적 논의와 국민적 공감대를 형성해야 하는 것이겠지만, 지나치게 비대해진 지하경제에 대해서 관계 당국이 보다 적극적인 처방전을 제시해야 할 상황이다.

# 12.
## 고향이 나를 부르는 방식
### - 좋아하는 음식 이야기

 맹자가 배고픈 사람은 음식을 가리지 않는다고 했지만, 또 어쩔 수 없이 끌리는 음식이 있다. 더더구나 몹시 허기진 날, 한 숟가락 입에 넣었을 때 그에 관한 모든 기억을 끌어와 안식을 주는 음식이 있다.
 위로와 안식을 주는 음식은 곧, 어머니와 고향, 어린 시절의 따스함과 연결되어 있다.
 함께 식탁에 앉아 맛있는 음식을 나누어 먹는다는 것은 또 다른 추억이 시작되는 순간이라는 것은 의심의 여지가 없다. 사람 만나는 것을 좋아하는 나로서는, 함께 먹은 음식의 맛을 기억하고 그날 그 자리의 사람을 기억해내는 데 음식이 단연코 큰 역할을 한다는 사실도 안다.
 그런데도 내가 좋아하는 음식이 사실은 고향의 맛에 닿아 있다는 것은 지문과도 같이 숨길 수 없는 사실이기도 하다.

## 아구찜

내가 근무하는 서초동 서울중앙지검 근처에는 자주 가는 음식점이 있다. 한OO간장게장이 그곳이다.

짜지 않고 싱싱한 간장게장으로 유명한 곳인데, 최근에는 중국 관광객들에게 유명해진 핫플이다. 그래선지 갈 때마다 손님들로 북적인다.

나는 주로 후배 검사들이나, 기자들과 잊혀질만하면 방문하는 곳이다. 그런데 사실 내가 그 집을 자주 가는 이유는 간장게장 때문이 아니다. 그곳의 아구찜이 아주 기가 막히기 때문이다.

그 집을 예약했다고 하면, 사람들은 당연히 간장게장을 떠올리지만 나로 말할 것 같으면 언제나 따로 아구찜을 시킨다.

그렇다. 내가 좋아하는 음식 1호는 단연코 아구찜이다.

나는 원래 매운 음식을 좋아하고 잘 먹는 편이다. 게다가 어려서부터 어머니가 해주신 콩나물 무침을 무척이나 좋아했는데, 아구찜은 매운 콩나물과 아구의 하얀 살까지 내가 좋아하는 것들을 다 갖추고 있는 것이다. 이 둘은 내겐 너무나 환상적인 조합이다. 게다가 나는 아구의 애나 흐물흐물한 관절 부위까지도 잘 먹고 즐기는데, 아구찜은 어찌보면 나를 위한 음식인 것처럼 착각을 불러일으키곤 한다. 아구찜은 나의 운명, 하고 애인에게나 말했을 법한 말도 떠올려본다.

별나게 아구찜만을 고집하는 나에게 아내는 해물찜에도 아구가 있으니 해물찜을 그냥 먹자고 꼬드기기도 하지만, 아무리 봐도 해물찜에 든 아구랑 아구찜에 든 아구는 느낌이 다르다. 싱싱한 아구찜을 먹을 때 저절로 입에서 나오는 '살아있네', 라는 반응이 해물찜 아구에서는 느껴지지 않는다.

익히 알려진대로, 아구찜, 하면 마산아구찜이 유명하다.
서울에서 신사동 골목 등 여러곳에 원조 마산 아구라는 간판을 어렵지 않게 볼 수 있다. 마산 출신 정치인들이 아구와 연결된 별명으로 불리기를 원하고, 어시장과 오동동의 아구찜과 아구탕은 언제 먹어도 질리지 않는 최고의 맛을 자랑하는 만큼 마산, 나아가 창원 사람들의 마산아구찜에 대한 자부심도 대단하다. 물리지 않는 서민음식이자 밥도둑이고 소주의 도둑인 아구찜을 어찌 그냥 지나칠 수 있을까?

나는 솔직히 말하면 생물아구찜을 더 즐긴다. 싱싱하고 탱탱한 아귀살과 콩나물을 뜨거운 밥 위에 올려놓고 입 한가득 밀어 넣는 맛이 예술이다. 생물아구찜이든 반건조 정통 아구찜이든 사람들에게 널리 알려져 많은 사람들이 그 진정한 맛을 즐겼으면 좋겠다.


### 졸복매운탕

어린시절, 초등학교 교사였던 아버지를 따라 통영의 미륵도, 사랑도 등에서 살면서 부지런히 낚시를 다녔다. 어린 아들이 따라가면 낚시 도구 챙겨주랴, 고기라도 낚으면 고기 빼고 잇갑(미끼) 채우랴 오히려 아들 뒤치다꺼리로 귀찮으실 텐데도, 아버지는 늘 본인의 뒤를 따르는 아들을 단 한 번도 말리신 적이 없으셨다.

들뜬 마음을 안고 아버지를 따라 낚싯대를 드리우면 항상 나를 괴롭히는 불청객이 있다. 바로 복쟁이(졸복, 복섬)이다. 우리가 복지리, 복매운탕을 먹을 때 사용하는 재료인 참복이나 은복 등의 그 복이 아니다.

고작 어른 손가락 2개 크기의 이름 그대로 "졸복"이다. 이 녀석들은 잇감(미끼)을 끼워서 낚싯대를 넣기만 하면 무섭도록 달려든다. 얼마나 극성맞은지 심지어는 봉돌의 무게로 낚싯바늘이 적정 수심에 가라앉기도 전에 달려들어 낚싯바늘을 쫓아가 미끼를 물어버리는 만행을 저지르기도 한다. 게다가 유난히 아버지의 낚시보다도 내 낚시에 더 붙는 것 같아서 더 화가 났던 기억이 난다.

어찌되었든 낚싯바늘을 문 손님이기에 밖으로 꺼낼 수밖에 없다. 그렇게 꺼내서 낚싯바늘을 빼기 위해 복쟁이들을 손으로 잡으면 갑자기 이놈들은 숨을 엄청 들이마시고는 배를 빵빵하게 키운다. 상대방을 위협하기도 하고, 물밖에서 숨이 끊어지지 않으려는 필사의 사투다.

그렇게 탱탱한 공처럼 빵빵하게 부풀어 오른 녀석들은 또 얼마나 질긴지 배를 땅바닥에 문질러도, 심지어 바닥에 패대기를 쳐도 끄떡없다. 이렇게 부풀어 오른 녀석들이 죽은 줄 알고 물 속에 던지면 물 위에 둥둥 떠 있던 복쟁이는 언제 그랬냐는 듯 배를 꺼뜨리고는 신나게 바다 속으로 헤엄쳐 간다. 다시 나의 낚시 바늘에 달린 간식을 먹어치우겠다는 결기까지 느껴진다.

그럼 그렇게 많이 잡히는 졸복을 가져와서 요리를 하면 되지 않냐고? 큰일 날 소리다.

널리 알려진 것과 같이 복어에는 그 난소와 내장, 피에 치명적인 독(테트로도톡신)이 있어서 이 독을 먹으면 죽을 수도 있다.

그 어린 시절에도 복어를 잘못 조리해서 먹고 죽었다는 사람들이 있었고,

최근에도 복어 먹고 죽었다는 기사를 보면 복어독은 예나 지금이나 대단히 치명적인 것이다.

  결국 복어요리는 이 독을 얼마나 잘 제거하고 먹느냐가 관건인데, 졸복은 그 크기가 작아서 더욱 정교한 손질을 할 수밖에 없다. 크기가 고작 손가락 두 개 정도니 작은 칼을 들고 내장과 피를 더욱 정교하게 제거해야 겨우 먹을 수 있다.

  내가 졸복매운탕에 빠진 것은 통영 서호시장에 있는 OO식당에서 처음 그 맛을 보고 난 이후였다. 2006년 창원지검에서 법무관으로 근무하던 시절, 신OO 검사장님이 서울법대 대선배로서, 통영에 서울법대 산악반 선후배들을 초청하고 싶어 하셨다.

  나는 그때 산악반에서 막내였고, 창원지검에서도 최말단인 법무관이었던 내가 전체 일정을 계획하고 사전답사를 하는 역할을 담당하였다. 그래서 사전 답사 차원에서 통영을 먼저 방문하여 통영의 선배를 만나 서호시장에서 졸복매운탕을 맛보게 된 것이다.

  가히 그 시원함이 그 무엇과도 견줄 수가 없었다. 통영 선배의 추천으로 졸복매운탕을 먹게 되었는데, 음식도 음식이었지만, 그 선배의 구라가 또 일품이었다. 그 매운탕을 먹고 나서는 6시간 동안은 잠을 자지 말라는 것이었다. 혹시라도 잠을 자게 되면 복어독으로 죽을 수도 있으니, 잠이 오거든 밖으로 나가 뛰든지, 러닝머신(트레드밀)에라도 올라가서 계속 뛰라는 것이다.

  나는 그런 게 어디 있냐고 웃고는 통영에서 산행을 마친 다음 날, 당연히 전날 술을 많이 마셔서 숙취가 심한 상태에서 또다시 졸복매운탕을 먹게 되었다. 너무나도 얼큰하고 시원한 졸복매운탕으로 해장을 하기 위해서였다. 그런데 한 20여 분이 지나자 입 주변이 조금 마비가 되는 듯한 느낌이 들었다. 그러다 설상가상으로 통영에서 창원까지 운전해서 돌아가는 길에 또 약간 졸린 듯한 느낌도 드는 것이었다. 마침 통영 선배의 조언이 떠올라 휴게소에 들러 기지개도 켜고 맑은 공기도 마신 다음 창원까지 운전을 해서 무사히 도착할 수가 있었다.

  창원 집에 도착한 후, 이게 웬일일까?

  그렇게 심했던 숙취가 거짓말처럼 말끔히 사라진 것이다. 정말 신기한 경험이었다.

  나중에 그 선배에게 내 경험을 이야기했더니, 아주 진지하게 듣고 난 뒤, 그에 대한 해설이 또 걸작이었다.

  평소처럼 알콜을 해독하던 내 간이 매너리즘에 빠진 채 일을 하다가 복어독이라는 강력한 독이 소량 들어오는 바람에 바짝 긴장하여 여태와는 달리 엄청난 기량을 발휘하여 몸에 들어온 복어독을 재빨리 해독하게 된 것이다. 그 과정에서 알코올을 끼워팔기 상품처럼 같이 해독해버린 덕분에 숙취가 빠른 시간에 해결되었다는 이야기였다. 왠지 또 구라에 빠진 것 같았지만 또 듣고 보니 그럴듯하게 들렸다.

  그 뒤로 이 졸복은 내 최애 음식이 되어, 내가 창원으로 내려가면 아들에게 먹인다고 어머니는 어시장을 찾으신다.

  요즘은 예전만큼 마산에서도 구하기가 쉽지 않아 못 먹을 때가 많다. 그렇게 상당히 오랫동안 졸복 매운탕을 그리워하다가 최근 서울 강남의 신사동에서 졸복회를 맛보았는데, 매운탕이 아니었음에도 그 맛이 또 일품이었다. 이 글을 쓰는 시각이 늦은 밤인데도 다시 입안에서 군침이 돈다. 나로서도 어쩔 수가 없다.

이 야밤에 졸복매운탕은 맛볼 수 없고 우리 지역 마산합포구 진동의 물고기 종류와 풍경시를 담은 〈우해이어보 牛海異漁譜〉를 남긴 김려 선생(1766~1821)의 시를 한 편 써보고자 한다.

담정(潭庭) 김려는 1803년 진해부 우산(오늘의 창원시 마산합포 진동)으로 유배를 와서 2년간 낚시를 하면서 지냈다.

내가 위에서 말한 복어에 대해 선생은 다음과 같이 기록했다. 읽으면서도 정말로 묘사가 내가 봤던 복어와 너무나 유사해서 감탄이 나온다.

<중략>

이 자주복은 성질이 매우 사납고 표독스럽다. 처음 잡혀서 나오면 노하여 배가 부풀어 오르고 입으로 늙은 개구리가 울부짖는 소리를 낸다. 배를 돌로 눌러 거룻배 위에 올려놓고 문지르면 더욱 화가 나서 배가 거위알처럼 부풀어 오른다. 커다란 돌로 배를 꽉 누르면 이빨이 깨지고 눈알이 부서지지만, 부풀어 오른 배는 아직 줄어들지 않는다. 최고로 부풀어 올랐을 때 돌덩이로 세게 때리면 땅이 무너지는 것 같은 벽력소리가 난다. 배가 터진 곳을 칼로 가르면 가운데 등뼈 살은 모두 진흙처럼 문드러지고 상하지만, 터진 배의 양쪽 끝은 오히려 북의 가죽처럼 넓어져서 그것을 두드리면 둥둥 북소리가 난다. 또한 자주복은 낚시 바늘을 삼켜도 죽지 않고, 또 낚싯줄도 잘 끊어놓는다. 이곳 사람들은 자주복을 잡으면 간혹 구워 먹지만, 먹은 사람들은 복통이 일어난다.

<중략>

졸복은 약간 작고 반점이 없다. 온몸이 황색이다. 손으로 만지면 이금(泥金)이나 가는 모래처럼 가루가 떨어지고, 치자 같은 누런 색깔이 옷에 묻어서 빨아도 지지 않는다. 잘못하면 옴이 생길 수 있고, 맹독이 있다.


&lt;우산잡곡(牛山雜曲)&gt;

안개와 구름이 걷힌 맑은 바다 아침해 밝아
한가히 걸어 아슬아슬 수문을 찾아갔다가
곧장 해변으로 가니 벽력같은 울음소리
바로 어부들이 자주복 두들겨 잡는 소리

# 13.
# 야누스의 세계에서
# 카오스의 세계로

아침 식사 준비로 분주한 아내에게 딸아이가 물었다.

"엄마, 민주주의가 뭐예요?"

바쁜 아침 시간에 아내가 한마디로 정리해 주기에는 너무 심각하고 어려운 주제 아닌가 싶었다. 요즘 아이들은 일찍부터 학교에서 저런 걸 배우나 싶다.

나는 잠시 생각에 잠겼다.

민주주의라는 말은 참 많이 듣지만, 단적으로 설명할 수 있는 말을 찾기가 쉽지는 않다. 사전상으로는 국민에게 주권이 있고, 국민이 권력을 가지고 그 권력을 선거를 통해 스스로 행사하는 제도이며, 또는 그런 정치를 지향하는 사상을 민주주의라고 한다.

민주주의는 기본적 인권과 자유권, 평등권이 보장되며 다수결의 원리, 법치주의 따위를 그 기본 원리로 한다. 좋은 것은 다 붙여놓은 듯한데, 사실 말이야 쉽지, 실천은 언제나 어렵다. 의회의 다수를 차지한 의회 권력이 국가의 시스템과 근간을 흔드는 입법을 해 버리는 경우, 민주주의가 법치주의를 심각하게 침해하는 것이 된다. 비록 법이라는 이름을 갖고 있지만, 민주주의의 이름으로 침범할 수 없는 핵심적인 영역들이 있는 것은 물론이다.

요즘은 민주주의의 의미를 더 좁혀서 그 핵심을 국가권력의 분산에서 찾는 경향이 있다.

인간의 역사는 인간의 존엄성을 가진 개인이 끊임없이 국가권력과 맞서 싸워온 역사라고 본다. 인류는 역사적으로 인권이나 자유, 평등권을 보장하는 쪽으로 법을 만들어왔고, 특히 대표적인 국가권력인 입법 사법 행정부의 권력을 독립시켜 서로 견제하도록 분산시켜 놓았다.

그럼에도 권력은 속성상 독점하고 집중되는 경향으로 인하여 개인의 인권, 자유, 평등을 침해당하기 쉽기 때문에 현재로서는 개인의 행복추구를 위하여 인류가 고안한 최선의 형태가 민주주의라고 할 수 있을 것이다.

민주주의 국가라는 점을 전혀 의심할 수 없는 나라들에서도 국민들이 끊임없이 분열되어 민주주의가 위협받는 경우도 많이 본다. 최근 미국에서조차 선거결과에 승복하지 못하고 트럼프의 추종자들이 국회에 난입하고 국방부를 움직이려한 정황을 보고 있노라니 민주주의는 언제든지 도전받고 손상당할 수 있으며 위태로워 보이기도 한다. 끊임없이 개인부터 집단까지 자신들의 이익에 따라 갈등하고 분열하고 있는 데다, 선거라는 방식을 통하여 정치에 참여하는 과정에서 다양한 갈등 관계를 모두 해결하지 못한다는 비판까지 들린다.

또한 일체의 반론도 허용하지 않고 독단적으로 진행하는 절차로 법을 만

든다는 것은 민주주의 사회에서는 있을 수 없는 일이다. 설령 아무리 개인적 수준이 높아도 동질성이 높은 사람이 모이면 의사 결정의 질이 현저히 떨어질 수밖에 없다는 것도 여러 실험을 통해 밝혀졌다.

법이란 것은 그때그때 우리의 삶, 시대 상황에 맞게 조금씩 더해가면서 완성되어 가는 것인데, 순간적인 국민 분노나 선거용 전략으로서 선심성 입법을 하는 것을 가장 경계해야 되지 않을까

나는 법이 두 얼굴을 가진 야누스라고 생각한다.
저울이 없는 칼은 그 자체로 폭력이고, 칼이 없는 저울은 무기력한 법이다.
법은 모든 이에게 평등하게 적용되어야 한다. 그러나 현실에서는 평등하고 공평하게 적용되는지, 유전무죄 무전유죄는 아닌지 끊임없이 논란이 일어나고 의심받기도 한다. 그리고, 형식적 평등이 더 큰 불합리를 야기하는 경우도 왕왕 생긴다.

나는 어떤 큰 이념이나 정치적 목표 때문에 개인이 희생되길 원하지 않는다. 의견이 다르더라도 상대방에 대한 인간적 가치와 존엄함에 대해 존중해주는 정치가 중요하다고 본다.

아리스토텔레스의 대표작 《니코마코스 윤리학》은 아들에게 들려주는 '행복해지는 법'이 담겨 있다. 니코마코스는 바로 아리스토텔레스의 아들 이름이다. 책에서 말하는 행복의 비결은 '중용'이다. 과도하면 더 이상 미덕이 설 자리가 없다. 그래서 아리스토텔레스가 꼽은 사람의 가장 나쁜 품성이란 '자제력 없음(akrasia)'이다. 법을 만드는 영역에서도, 법을 집행하는 영역에서도 참고해 볼 수 있는 말이 아닐까?

나는 검사가 된 이후, 종종 "참, 검사같이 생기지 않았다'는 소리를 듣곤 했다.

처음에는 그 의미를 정확히 몰랐다. 심지어 그 이야기를 듣기도 싫었다. 하지만, 그 말이 좋은 의미로 하는 말이라는 것을 안 순간, 우리 검찰이 뭔가 잘못 와 있다는 느낌으로 다가왔다.

사람들이 일반적으로 생각하는 검사라는 이미지가 무엇이기에 내가 그리 보이지 않는다는 것일까, 의문을 품곤 했다. 검사로서의 전문성과 카리스마는 갖추되 늘 열려 있는 자세로 남을 대하고 겸손하고 타인을 배려하는 자세가 필요하지 않을까? 타인의 잘못을 단죄하는 직업적 특성상 검사는 늘 좋은 평가를 받기는 쉽지 않겠지만, 그래도 검사 같이 생겼다가 좋은 의미로 기억되는 그런 날이 오기를 기다려 본다.

검찰에서 업무 처리를 하면서 스트레스를 많이 받거나 긴장된 수사상황 속에서 다른 어떤 것도 할 수 없을 때, 나는 인문 고전을 통해서 답을 찾으려 노력했다.

그 중에서도 장자를 읽으며 많은 위로를 받았다.

다음은 장자에 나오는 이야기다.

장자는 제자들과 산길을 간다. 장자가 산중을 지나다 크고 잘생긴 나무를 봤다. 마침 나무꾼이 지나가는데 이상하게도 나무꾼은 그 크고 오래된 나무는 쳐다보지도 않았다. 그래서 장자가 어째서 베지 않느냐고 물었다. 나무꾼이 말하길,

"쓸모가 없습니다."

고 답했다. 이에 장자는 탄식하며 말했다.

"이 나무는 쓸모가 없어 천년을 사는구나."

산에서 내려와 어느 집에서 묵게 되었다. 주인은 장자를 대접하겠다며 하인에게 닭을 잡게 했다. 이에 하인이 주인에게 물었다.

"잘 우는 놈을 잡을까요, 잘 울지 못하는 놈으로 잡을까요?"

주인이 말했다.

"잘 울지 못하는 놈을 잡아라."

제자들이 장자에게 물었다.

"나무는 쓸모가 없어서 천년을 살았고, 닭은 쓸모가 없어서 일찍 죽습니다. 선생님은 어느 쪽에 서시겠습니까?"

장자가 웃으며 대답했다.

"나는 중간에나 처해볼까?"

그러고는 다시 말했다.

"하지만 중간이라는 건, 그럴듯해 보이지만 도가 아니다. 중요한 것은 얽매이지 않는 것이다(無肯專爲). 어찌 언제나 일정할 수 있겠느냐?"

쓸모가 없다고 무조건 좋은 것도 아니고, 쓸모가 있다고 무조건 좋은 것도 아니다.

세상은 옳고 그름에 있는 것이 아니라 그때그때 변화하며 그 변화에 따른 쓰임이 있을 뿐이다. 그 쓰임에는 그때의 적절함이 있다.

사실 위의 아리스토텔레스의 중용과 장자의 중도는 조금 다르다.

아리스토텔레스는 자제력에 맞춘 멈출 줄 앎에서 오는 지혜에 대해 말했고 장자의 중도는 시류의 적절성에 대해 말하고 있다. 내면의 절제가 아니라 외부, 즉 세상의 변화에 적응하고 그에 따른 적절한 균형을 찾아야 한다는데 방점이 있다.

나도 항상 변해야 한다는 생각을 해 왔다. 이상, 생각, 생활, 인간관계, 사람을 대하는 방식도 다 변해야 한다고 믿고 변할 수 있도록 노력했다.

그러다가 검사라는 직업도 바뀌어야 되는 것이 아닐까라고 고민했다. 과거의 잘못을 따지고, 그것에 법을 적용하는 검사가 아니라 보다 발전적이고 무궁무진한 가능성이 있는, 변화무쌍한 세상이 늘 궁금했다.

오래전부터 소식이 끊긴 동문과 친구들을 찾아 끌어모으고, 내가 살고 있는 곳을 바꾸어보자고 합심하던 사람들과 함께 무엇인가를 꿈꾸고, 같이 공감하며, 같이 노력하는 작업에서 느꼈던 엄청난 기쁨과 흥분을 잊을 수가 없었다. 변화를 꿈꾸고, 계획하고, 실행하기 위해 사람들과 함께 하는 일이 난 좋았다.

그럼에도 많이 주저했다. 주변에서도 도저히 이해할 수 없다는 반응도 상당했다. 그동안 내가 몸담았던 세계는 따뜻하고 안전한 곳이었다. 법이라는 하나의 잣대로 모든 것을 다 예측하고 측정할 수 있었다. 법에서는 옳고 그름을 판별하고, 이를 다투는 세계이다. 혐의의 경중에 따른 형량이 정량화되어 있다. 이렇게 예측가능한 세상에서 바깥으로 눈을 돌리자 혼돈의 세상으로 보이기도 하였다.

바깥 세상은 누가 옳고 그른지, 누가 선하고 악한지, 선의와 저의가 진심과 사심의 경계에서 모호하게 뒤섞여 있는 듯했다. 인간 사회의 복잡함을 대변하는 분야를 꼽으라면 나는 정치의 영역이라고 꼽고 싶다. 좁디좁은 서류의 세계, 촘촘히 얽힌 법의 테두리, 규율과 질서가 중요한 검사들의 세상에서 장자가 위로가 되었던 이유는, 복잡다단한 인생의 여정에서 잠시 벗어나 높은 산에 올랐을 때처럼, 더 넓고 큰 눈으로 세상을 조망하게 하는 힘이 있었기 때문이다.

야누스는 원래 출입문을 지키는 로마신화 속의 신이라고 한다. 뒤통수에 또 하나의 얼굴이 있는 이유가 못 보는 사각지대가 없도록 하기 위한 것이라고 한다. 그래서 두 얼굴의 사나이라는 별칭이 있는데, 사람들이 주로 야누스라는 말을 사용할 때의 두 얼굴은 숨겨진 또 하나의 얼굴, 곧 보이지 않는 이면을 뜻한다. 빠트림 없이 잘 보기 위해 만들어진 또 하나의 얼굴이 숨겨진 얼굴이라니, 아이러니기도 하다.

출입문은 안과 밖, 이쪽과 저쪽의 경계선에 있는 것이고, 그래서 하나의 세계가 시작되고 끝나는 지점을 의미하기도 한다.

나는 야누스의 문 앞에 서서 저 너머 또 하나의 세계를 바라보고 있다.

문 너머는 내가 가보지 않은 또 하나의 세계이다.

법의 보호막이 걷어진 드넓은 세상이다. 야성의 바다와 야생의 들판이 내 앞에 펼쳐진 듯하다.

4부

# 따뜻한 연대와 가능한 미래

# 1.
## 다시 고향에서
## 아버지를 발견하다

 나는 아내에게 그동안 내가 생각해 왔던 일, 내가 그리는 미래, 그리고 내 마음의 상태를 말하고 검사직을 그만두는 것이 좋겠다고 말했다.

 아내는 평소 조용하고 나서는걸 좋아하지 않는다. 나와 결혼하기 전부터 자신은 사회의 정의를 실현하는 검사라는 직업이 참 멋있다고 말한 바 있으니, 아내가 그려왔던 우리 가족의 행로도 전혀 예상치 못한 방향으로 가게 되는 것이었다.

 아내의 첫 반응은 그다지 반기지 않는 것이었다.

 충분히 예상한 일이다. 아내가 생각하기에 검사는, 묵묵히 일하며, 굽힘 없이 강직하게 법을 수호하는 믿음직스러운 수호자이며, 무엇보다 외부의 영향에도 큰 변화 없이 예측 가능한 삶을 사는 것으로 이미지화 되어 있을 것이다. 어쩌면 그런 것 보다는 순수하게 내가 가려는 그 길이 얼마나 힘든 일인지, 또 어떻게 비칠지 걱정이 되었기 때문이었을 것이다.

 아내가 바라는 삶은 내가 앞으로 추구하려는 삶의 방식인, 변화무쌍하고 모험을 즐기고, 번잡스럽게 바깥으로 돌며 사람들과 어울리는 일과는 거리가 멀었다. 그럼에도 시간을 가지고 끈기 있게 아내를 설득했다.

결국 아내는 내가 하려는 일을 지원하고 응원하겠다고 허락하였다. 나는 그것으로도 기뻤다. 아내는 한번 시작하고 허락한 일에 있어서는 때로는 나보다 강하다. 연약해 보이지만 꿋꿋하다.

다시 나는 고향 창원으로 달려와 어머니에게도 허락을 구했다. 어머니는 선뜻 허락을 하셨고 오히려 적극적인 지지 의사를 보이셨다.

어머니의 적극적 지지가 나로서는 놀라웠는데, 어릴 때부터 워낙에 활달하게 사람들과 잘 어울려서 법의 울타리 속에서 갇힌 삶보다 더 크고 넓은 곳으로 뛰쳐나갈 것이라 예상을 하신 듯했다. 게다가 아들이 한다면 무엇이든지 해내리라는 믿음을 가지신 분 아닌가?

만약 아버지가 살아계셨다면 어떻게 말씀하셨을까? 나는 아버지 역시 어머니와 마찬가지로 내가 어떤 결정을 하든 묵묵히 지원해주시며 믿어주실 것이라 예상했다. 늘 그러셨기 때문이다.

나는 그동안의 생활을 정리하고 또 기록하기 위해 주변에 흩어져 있던 여러 자료들을 모으기 시작했다.

어머니는 월영동의 옛집을 정리하고 아파트로 이사하신지 오래다.

어릴 때부터 잦은 이사로, 사진은 많지 않았다. 그런데 나는 아버지가 모아놓으신 나에 관한 기록, 학원 영수증부터 각종 상장, 그리고 증명서, 생활기록부, 성적표까지, 기록된 모든 것들을 모아놓으셨다는 것을 알게 되었다.

그것을 보고서야, 나는 아버지의 유언이 어떤 의미였는지 알 수 있었다. 아버지는 돌아가실 때 우리 형제가 있어서 당신은 인생이 정말 즐겁고 행복했다고 하셨다.

아버지께서 모아두신
상장과 표창들

**4부.** 따뜻한 연대와 가능한 미래

우리는 아버지의 자랑이자 자부심이었던 것이다. 이런 나에 관한 소소한 기록물들을 전부 모아놓으신 것을 보니, 아마도 내가 그것들을 찾는 순간이 오리라 짐작하신 것은 아닐까

나는 아버지와 낚시를 갔던 창원의 바다를 본다. 통영 사량도에서 아버지와 함께 했던 바다, 그리고 내 고향인 이곳 바다에서 나는 또 어떤 일을 해서 내 아들과 함께 바다 앞에 설까? 새삼 경건해지면서도 마음이 설렌다.

아들도 낚시를 좋아한다. 아직까지 아들에게 나는 '멀티버스 아빠'이다. 사춘기인 아들에게 슈퍼맨과 같은 영웅으로 비쳤다가도 우스꽝스러운 농담이나 장난을 치는, 때로는 자기모순에 빠진 모습으로도 비치나보다.

나는 아들과 함께 창원의 긴 해안을 따라 자전거를 달리며 포인트를 찾아가며 낚싯대를 드리우고 얄미운 졸복이나 아구를 낚을 생각에 기분이 다시 좋아진다.

## 2. 고향에서 꿈꾸는 미래를 위한 연대

　자신이 살던 곳을 떠나있다가 다시 돌아와 보면 더 잘 보이는 것들이 있다. 마치 산을 오를 때는 보이지 않던 것들이 산 정상에 섰을 때 전체가 잘 조망되는 것처럼 내가 거쳐온 도시들과 비교를 해보게 된다.
　나는 아버지의 부임지를 따라다닌 어릴 때 뿐만 아니라 검사로 임용된 이후 2년 단위로 이곳저곳에서, 그리고 바다 건너 미국에서도 살아본 경험이 있다.
　그럴 때마다 매번 고향 창원에 돌아오면 변하지 않는 산을 오르고 도시 여기저기를 다녀봐도 내가 살던 동네 주변은 어지간히도 변하지 않는다는 느낌을 받았다.
　최근에서야 고향 마산이 많이 변했다는 생각이 든 것은 3.15 해양 누리 공원이 생겨 드디어 무언가 바뀌었다는 생각이 들기도 했다. 창원과 진해, 그리고 마산의 긴 해안선을 바라보며 저 바닷길을 자전거를 달려 한바퀴 돌 수 있다면 얼마나 좋을까, 생각해보기도 한다.

하와이에서는 매년 자전거대회가 열리는데, 전 세계의 사람들이 몰린다. 하와이의 호텔, 상점, 술집이 세계인들로 붐빈다. 우리도 그에 못지 않은 풍광과 해안선을 가졌는데, 그렇게 세계인들로 북적이는 창원해안선을 꿈꾸기도 한다.

창원은 예전부터 계획도시, 공업도시였다. 일하는 도시였기 때문에 바다 또한 늘 배들로 분주하다. 파도를 즐기는 사람들을 전혀 찾을 수 없다.
사람들과 정신없이 뒤섞인 도로며, 뚝뚝 끊어지는 산책로들, 공사 중인 장소들 앞에서 이 도시가 말도 없고 퉁명스럽게 느껴진다. 조그만 공사라도 친절한 우회로와 안내문이 붙어 있길 원하고 끊긴 듯하지만 정돈된 샛길이 발견되고 도로는 적당하게 정리되어 돌아가더라도 안전하게 배려된 손길이 있는 도시였으면 하고 바라게 된다. 이런 면들에서 행정의 디테일이 아쉽다는 인상을 받는다. 마치 작업복을 입고 죽어라고 일만 할 줄 알았지, 놀 줄을 모르는 노동자와도 닮아있다.
나는 열심히 일한 그들이 주말이면 편안한 옷으로 갈아입고, 산책을 하고, 까페를 가고, 자전거를 타며, 데이트를 하거나, 아이들과 박물관을 가고, 공놀이를 하면서, 제대로 휴식을 취하고, 일상에 여유를 가졌으면 좋겠다고 생각한다.
창원은 그동안은 휴양하는 도시가 아니었기에 젊은이들은 휴양을 위해서라면 인근의 부산으로 많이 다녔다.
부산이라면 저절로 젊음의 도시라는 이미지가 떠오르고, 해마다 락페스티발 등의 각종 축제가 열리고, 매년 여름이면 해변에 피서객들이 모여든다. 젊음과 놀기 좋은 바다의 도시로 이미지화 되어있다.
그런데 창원은 그냥 일하는 도시이다. 특별한 휴양과 레저를 위한 시설이 없으며 행사 또한 많지 않았다.

　이러한 창원의 이미지를 꼭 바꿨으면 좋겠다는 생각을 하곤 했다.

　특히 방위 산업이 발달한 창원도 조성하기에 따라 기록과 역사박물관이 있어서 가족 단위로 배우면서 휴양할 수 있는 거리 조성이 아쉬웠다.

　내가 해외연수를 다녀온 미국 새크라멘토에는 19세기에 조성된 구 시가지가 그대로 남아 있다. 특히 강변의 새크라멘토의 워터 프런트는 도시를 가로지르는 강변을 따라 옛날의 거리 모습을 계획적으로 잘 조성해놓은 것을 볼 수 있다. 산책로를 따라 늘어선 옛집들의 벽돌 한 장에서도 역사적인 흔적을 살려놓았고, 거리에는 늘 각종 이벤트도 벌어져 볼거리 먹거리 넘치고, 강변으로 가서 물개를 만나기도 한다. 게다가 캘리포니아 주립 철도박물관에 가면 서부개척시대의 기차들과 현대의 기차까지 타보고 체험해 볼 수 있다.

　이처럼 창원도 창원만의 도시색깔이 뚜렷하지 않다는 것이 늘 안타까웠다. 그 안타까움 위에 욕심도 생긴다. 마음을 모은다면 이곳 사람들은 기꺼이 함께 할텐데, 하는 그런 욕망이 생기는 것이다.

　전국에서 가장 긴 해안선을 갖춘 창원, 휴양 레저 시설과 또 공업이 발전한 도시답게 지방의 산업발전 역사를 담은 시설을 계획적으로 잘 조성하여 가족 단위로 휴양도 하면서 배우기도 하는 도시가 되었으면, 하고 희망해본다.

　나는 이런 내 희망에 동참하여 같이 추진할 사람들을 만나러갈 것이다.

창원 국가산단

무학산에서 바라 본 창원

5부

# 창원을 디자인하다!

미래에 대한
김상민의
질문과 대답

# 昌原 김상민이

고향 창원에 올 때마다 나는 곳곳을 걸어다녔다.
무학산 약수터에서 물을 길어오기도 하고
산 위에서 해안선을 조망하기도 한다.
나는 돌아올 때마다 뼛속 깊이 창원 사람임을 매번 느낀다.
영 시티라고 불릴 정도로 젊고 활기찬 도시에서 이제는
천천히 흘러가는 강물처럼 좀처럼 변하지 않아,
늙어버린 오래된 도시.
그럼에도 나는 분주하다.
이곳의 사람들을 만나기 위해서다.
창원의 곳곳에는 내가 좋아하는 오랜 사람들이 있다.
집안 어르신들을 비롯해서
유년시절 함께 뛰며 놀던 친구들, 젊은 후배들.
어머니는 친구가 많은 내게 '친구가 전국구'라는 말씀을 종종 하셨는데,
이제는 좀 더 창원사람들을 만나서 고향의 발전과
우리가 함께 만들어 갈 미래를 논할 것이다.

## 창원의 시그니처를 찾겠습니다!

창원은 돌아가신 아버지의 품 같은 도시이다.
아버지가 태어나 자라셨고 또 일하시다 자연의 품으로 돌아가신 곳,
아버지는 이 곳에서 아들의 미래를 위해 준비하셨고 꿈꾸셨다.
그런 아버지의 배려 때문일까.
나는 서울에서 일하며 늘 이곳 창원을 생각했고 그리워했다.
이제 돌아와 예전과 다른 새로운 눈으로 이 도시를 다녀본다.
이곳으로 뛰어들어 여기서 다시 만날 것이다.
사람들과 함께 꿈꾸고 마음을 모아 함께 노력하여,
함께 우리가 실현해내는 일을 하고 싶다.
오래 전부터 과거를 이야기하기보다 미래를 이야기하고 싶었다.
사람들과 함께 힘을 모으고 꿈을 실현하고 싶었다.
나는 나의 출발지였던 아버지의 품과 같은 내 고향으로 다시 돌아왔다.
'혼자'가 아니라 '같이' 가기 위해서다.
새롭거나 다르지 않으면 미래가 아니다!

주남저수지 돌다리

# 1.
## 공간의 연결

●
개발제한구역은 전면적 폐지,
도심의 길들은 연결하여 혈맥을 잇자

### 추세 – 자연과 어우러진 복합적 도심 조성

 도시공간은 주거와, 생산활동, 그리고 각종 서비스, 위락과 문화활동, 그 외 보조공간 등으로 구성된다. 이 중에 과거에는 앞의 주거와 생산활동에 관심이 많았다면 이제는 위락과 문화활동 쪽으로 관심이 옮아가고 있다.
 물론 주거와 생산활동이 중요하지 않아서가 아니라, 그것은 기본으로 깔고 가야하며, 이제는 오히려 시간적 여유와 건강에 대한 관심이 문화와 레저, 휴양으로 이끌고 있기 때문이다.
 이는 한국만의 문제가 아니며 전 세계적 추세다. 최근 코로나 팬데믹 이후, 전 세계에서는 도시공간에 대한 관심이 부쩍 높아지고 있다.
 첫 번째 이유로는 인구구조의 변화로 구도심 중심으로 급속도로 노후화되고 비어가는 곳이 많고 또 다른 이유로 팬데믹을 맞아서, 생활의 패턴이 보다 휴식과 휴양에 초점이 맞춰졌기 때문이라고 본다.

인구구조의 변화로 노후화된 도심이 비어가니 누구나 모일 수 있는 중심지로서 예전에는 번화한 상점이 많은 곳을 선호했으나 요즘은 건강을 위한 레저 활동과 휴식이 강조되고 있다.

도심의 빌딩 속 출근과 동시에 직장에서 대부분의 시간을 보내다 세계적인 전염병 이후로 집과 내 주변의 동네에 부쩍 관심이 많아졌고 또한 보다 소소한 일상의 시간을 소중하게 생각하게 되었다. 무엇을 하면서 시간을 보내고 무엇을 먹으며 어떻게 휴식을 취하고 즐겁고 유익한 시간을 보낼지에 대해 보다 큰 관심을 가지게 된 것이다.

또한 예전에는 자연과 휴양을 위해서라면 주로 멋진 자연이 있는 곳을 찾아서 떠났지만, 이제는 자연을 도시와 내 주변으로 끌어오는 방향으로 바뀌었다.

따라서 자연과 문화와 경제적 편의성, 체험이 함께 어우러진 도시의 중심, 그것도 한 곳에서 모두 해결이 되는 공간에 대한 수요가 생긴 것이다. 이러한 도시의 재구성에 대한 요구에 따라 도시를 디자인할 필요성이 떠오르고 있다. 그러기에 디자인에 들어가기에 앞서 우리는 몸 담고 있는 이 도시에 대해 질문을 던져야 한다.

창원은 어떤 도시인가, 그리고 어떤 모습이고 싶은가.

그에 대한 적절한 해답을 내놓을 수 있다면 젊은 사람들이 한번쯤 와서 살아보고 싶은 도시가 될 것이다.

## 창원이라는 도시공간의 현실적 문제

창원특례시는 2010년, 기존의 창원 마산 진해가 통합되어 하나의 도시로

묶였다. 기존에 오랫동안 독립적으로, 그것도 각각의 존재 이유에 따라 형성되어 있던 세 시가 통합되어 있기 때문에 타 도시에 비해 서로 긴밀하게 연결되어 있지도 않을뿐더러 경계의 드나듦도 그다지 편리하지 않다.

  그 중에서도 가장 큰 문제가 세 시를 경계 짓고 있던 곳에 그린벨트가 자리 잡고 있다는 것이다. 창원과 마산, 진해 등 3개 시가 하나의 도시로 통합함에 따라 도시 외곽에 위치하고 있던 개발 제한구역이 도시 중심부에 위치하게 되었지만 이러한 불평등한 규제가 아직까지 해제되지 않고 그대로 적용되어왔다. 따라서 창원시는 기초 자치단체 중 유일하게 개발제한구역이 도심 내에 위치하고 있는, 기형적인 도시 형태를 보인다. 이는 이제 한 도시가 된 현실에서 세 구역을 유기적으로 서로 연결 짓는데 가장 큰 장애요인으로 떠오르고 있다. 따라서 창원 땅 3분의 1이 개발제한구역으로 지정되어 있는 현안부터 가장 먼저 시급히 해결되어야 할 것이다.

  10년이 훨씬 지난 지금까지도 한 도시로서 서로 연계되어 균형 있게 배치되지 못하고 뚝뚝 떨어져 있는 듯한 느낌이다. 미세 혈관이 잘 통하지 않듯 교통도 골고루 미치지 못하고 있다. 특히 진해 쪽과 마산쪽은 접근성이나 연계성이 많이 떨어진다.

  또한 창원은 산과 긴 해안선을 따라 도시가 형성되어 있어서 개발 가능한 용지가 부족하다. 그래서 국책사업 및 지역 현안 사업을 적기에 추진하기도 어려워 도시발전에도 악영향을 주고 있다. 그런데 창원시 전체에서 공공시설물이 1,000여 곳이 있다. 이런 공공시설은 대부분이 기관이나 단체들에 위탁하거나 가끔 행사에 이용되지만, 친시민적인 관점에서는 활용도가 떨어진다. 이런 숨어 있는 공간들을 활용하는 방안도 모색해야 할 것이다.

  이러한 몇몇 요소들을 잘 활용하여 현재 창원을 새롭게 디자인하는데 있어서 무엇보다 가장 강력한 동기와 주제를 찾아야 한다. 각각 개성이 강한 세 도시를 묶어줄 수 있는 도시의 정체성, 특성, 색깔이 아직 선명하지 않은 상태이다.

오래전부터 형성된 각 구역의 역사를 존중하고 그 특성은 살리되 함께 추구할 수 있는 역할과 모습을 찾는 것이 시급하다.

### 방향

앞에서 살펴본 것대로 가장 먼저 해야 할 현안으로 개발제한구역을 전면적으로 폐지하든지 재조정을 거쳐야 한다. 창원은 산이 많아 산지가 전체 땅의 56%를 차지하고 있어서, 개발제한구역을 전면 해제 하더라도 자연 보호나 녹지 확보 문제엔 별다른 영향이 없다. 도시 외곽을 둘러싼 산지로도 이미 충분하기 때문에 별다른 개발제한구역을 따로 둘 필요가 없다.

그보다도 산과 바다 등 지형지물로 가로막힌 도심과 도심의 연결, 또는 자연환경을 잘 이용하는 것이 오히려 더 중요하다.

그래서 경계를 넘어 접근성이 좋게 하여 장기적인 발전계획을 세우고, 또 그에 필요한 공간을 확보하는 게 급선무이다.

특히 도심과 도심 외곽지역(북면 신도시, 내서 신도시, 진해경제자유구역)을 가로질러 놓인 기형적 그린벨트 문제를 가장 시급히 재조정할 필요가 있다. 이 신도시들은 산으로 가로 막혀 있어서 밖으로 나오는데 상당한 시간이 소요된다.

창원은 1기 계획도시다. 지난 1974년 계획된 도시설계가 어느덧 50년이 지났다. 창원 시내를 다녀보면 상업지역, 공단구역, 단독주택지구 등 각각을 구획 지어서 구역이 정해져 있다. 이러한 계획은 초기 마산의 배후도시로 인구규모 10만 정도일 때 적용된 설계로 극도로 확장된 지금으로서는 이미 임계치에 도달해 있다. 더더구나 창원은 오래전부터 배후도시가 아닌 자립경영이 가능한 도시로 변모했다. 그런데도 예전의 낡은 도시계획의 제약이 곳곳에 남아 있다.

특히 창원지역의 전용주거지역에 대한 지구단위계획을 전면 개편할 필요가 있다.

의창구와 성산구의 13개 지구의 단독주택지역이 용적율 건폐율 완화 등 주거환경 개선을 위한 정책들이 추진되지만, 단독주택 소유자들의 불만을 해소하는 미봉책에 불과하다.

김해의 율하 장유 부산의 명지 등 인근 도시로 창원의 인구가 빠른 속도로 빠져나가고 있다. 이는 창원이라는 도시가 너무도 많은 것들로 규제되어 있어서, 새롭고 참신한 시도 자체가 불가능한, 딱딱하고 늙은 도시로 보이게 한다. 비어있는 공원은 멀리 떨어져 있고, 빽빽하고 숨 쉴틈 없는 빌딩만으로 채워진 중심가, 그리고 저 멀리 외딴 곳에 일부러 찾아가야하는 미술관이나 박물관 등이 흩어져 있다.

특히 현재 13개 지구 단독주택지는 4만 가구로 인구로 치면 십만이 넘는다. 전 세계의 도시들이 사람들을 끌어들이기 위한 도시 재설계에 착수한 이때, 창원도 지구 단위별 개성을 살리고 또 창의적인 시도를 해야 한다.

도심은 무엇보다 접근성이 뛰어나야 한다. 그러나 창원 도심의 경우 너무나 한정적으로 오래전에 구획되어진 그대로라 대중교통 이용도 매우 비현실적으로 불편할뿐더러, 주차시설도 부족하다.

이미 형성된 핫플레이스의 사용에도 접근성이 떨어져 확장성에 한계를 보인다.

이러한 한계들 때문에 도심을 이용하기보다는 외곽으로 빠져나가는 경우가 많다.

따라서 도시재생 사업은 어디까지나 지역 주민의 입장에서 만들어져야 한다.

이 도시의 공간을 사용하고 누릴 사람들은 그 주민이기 때문이다. 그러니 철저히 주민, 시민 중심으로 그들의 의견이 반영되어야 할 것이다.

또한 도시의 시그니처를 바꾸는 도시재생 사업을 5년간 단기 시행에 그쳐서는 안 될 것이다. 보다 장기적으로 세밀하게 진행해야한다.

사실 창원은 모든 것을 가지고 있다. 지형적으로 산과 바다 평원이 있으며 또한 산업이 발달해 있기도 하다. 공단, 항만, 도농복합 등의 시설과 환경을 모두 갖추고 있기에 보다 지형 지물을 조화롭게 활용해야 한다. 한 동네를 재개발 하는 것도 장기적인 계획에 따라 오래 걸리는 일인데, 지형지물을 이용하고 정돈하는 일은 더 장기적이고도 꾸준한 추진력을 필요로 한다.

창원이 젊고 활기찬 도시가 되기 위해서는 일할 때는 일하고, 휴양과 레저도 도시 안에서도 충분히 가능하도록 바다와 그 주변에 조성되어 있는 공원들을 연결해야 한다. 기존의 공간들을 걸어서 이동 가능하도록 서로 연결 시켜 언제든 접근할 수 있도록 해야할 것이다. 그러면서도 자연이 들어와 있는 공간으로 재구성하는 다양한 시도가 이어지고 있다. 즉 도심임에도 물길, 바람길, 숲길이 있는 산책길과 공원으로 이어지고, 그 길을 따라 걷다 보면 그때그때 쉴 수 있는 까페나 식당이 있고, 또 곳곳에 역사와 문화적 공간이 포진해 있고 또 상점들이 이어져 직접 제작해보거나 기념품 등을 팔아 활기를 느낄 수 있어야 한다.

도시의 층층이 쌓인 역사의 흔적과 정체성을 보존하고 그곳을 거쳤던 사람들의 삶을 유추해볼 수 있어야 한다. 그래서 이 도시를 살아갈 후손들에게 알려줄 수 있어야 한다. 또한 지역주민들의 공감대를 형성하고 지역 커뮤니티의 유대감을 높이기 위해 일상생활에 자연스럽게 녹아들도록 조성할 필요가 있다.

이처럼 역사, 문화, 그리고 상업시설이 갖춰진, 보다 유기적이고 복합적인 도심의 모습으로 재구성해야 할 것이다.

주민들이 쾌적한 환경 속에서 삶을 영위하며, 자부심을 가질 수 있도록 지역별 재미있는 도심 재편성 계획을 설정해야 한다. 에코 거리, 도심 농장, 공예 거리 등을 생각해 볼 수 있다.

또한 전국에서 가장 긴 해안선의 작은 길들을 이어 자전거로 달리고, 배로 가볼 수 있도록 연결하여 휴일이면 내가 사는 도시를 탐험할 수 있도록, 서로 떨어져 있는 여러 시설들에 대한 활용성을 높여야 할 것이다

따라서 기존에 있는 것들을 아주 작은 산책길로라도, 더 가능하다면 자전거길로 서로 연결해줌으로써 도보로 걸어서, 자전거를 타고 구석구석 갈 수 있는 연결을 중점 삼아야 할 것이다.

서로 이어지지 않는 길을 연결만 해주면 나머지는 사람들이 스스로 알아서 채워갈 것이기 때문이다.

우영우 팽나무 ⓒ 한국관광공사 사진갤러리- 김영수

## 2.

## 사람의 연결

●

도시 재능
플랫폼 구축

**필요성**

앞에서 창원이란 도시의 물리적 공간을 재구성하는 것에 대해 이야기했다면, 이번에는 무엇으로 그 공간 안을 채울지에 관한 내용이다.

보통 정책을 논할 땐 물리적인 랜드마크 중심, 또는 수치로 나타나는 가시적인 성장 위주의 도시 발전상에 대한 계획을 내세워 왔다. 실행이 되든 안되든 명확하게 확인할 수 있기 때문이다.

하지만 사실 그런 정책을 세우더라도 그것을 채우는 것은 그곳의 사람이다.

요즘은 도시계획이나, 정책안 설정에서도 틀이나 형태보다도 내용을 중시하고 있다. 아무리 잘 조성된 공간이라 하더라도 결국 그곳을 살아갈 사람이 중요하다. 또한 길과 길을 잇듯이 사람과 사람을 연결하고 정보와 사람을 연결하는 플랫폼도 마련해야 한다.

새로운 것을 만들어 덧붙여 나가는 방식보다 기존에 있던 것들을 보다 알뜰히 활용하고 잘 연결하는 것이 요즘의 화두라고 본다.

따라서 도시의 발전과 정책에 대해 이야기할 때, 숨어 있는 과제를 찾아내어 거기에 의미를 부여하고 내용을 채워야 한다.

한국은 저출산과 고령화로 인해 인구 감소 문제가 심각하다. 이 문제는 사회의 활기를 떨어뜨리고 저성장에 빠지게 한다. 이렇게 노동력 감소와 취업 환경이 나날이 나빠지다보니 젊은 청년들을 끌어모으기 위해 각 지자체 간에 경쟁이 일어나곤 한다. 이런 현상은 전 세계적으로도 마찬가지다. 전 세계의 젊은이들은 살기 좋고 일자리가 많은 곳으로 모여든다. 그 때문에 그들이 떠난 자리는 늘 텅텅 빈다.

한국의 젊은이들은 직장과 배움이 있는 서울로 올라간다. 이들이 떠나지 않게 하려면 그들의 취업과 안정적 정착을 최우선적 고려해야할 것이다. 그리고 떠나지 않게 하는 것도 중요하지만 떠났다가 다시 돌아오는 젊은 사람들도 많다.

외국에서 일자리를 찾아 들어오는 외국인 노동자들도 많으며, 결혼과 이민 가정들도 많이 생기고 있다.

창원은 도농복합의 지자체로서 주변 외곽지로 나가면 농사를 짓고 있는 곳도 많고, 소규모 기업들이 많아 어느새 외국인 노동자들이 많이 들어와 있다. 또한 다문화가족들도 많아지고 있어서 이들이 우리 지역 사회에 잘 정착하여 활발한 경제 활동에 종사하게 하고, 또한 다문화가정의 교육과 안정에 관심을 기울여야할 필요성도 그 어느 때보다도 높다.

## 제안

여성 청년 다문화가정들의 안정적인 정착, 취업과 창업 교육을 전문적으로 담당하는 플랫폼을 구축해야 한다.

코로나 펜데믹 이후 비대면 교육이 자리를 잡아가고 있는 이때, 경단녀(경력 단절녀)와 미취업 청년, 그리고 날로 늘어나고 있는 다문화가정의 지역사회 참여 및 꿈 실현을 위한 플랫폼이 없다.

지역의 대학과 기관들에서 산발적으로 교육을 하고 있으나, 수요에 비해 참여할 수 있는 통로가 좁다. 시민이 쉽게 접근할 수 있는 폭넓은 '시민 대학'으로서의 재교육과정이 필요하다.

나무들 사이에 존재하는 연결 네트워크 '우드 와이드 웹'(The Wood-Wide-Web)처럼 시에서 직접 운영하는 교육 플랫폼을 구축한다면, 시민들의 지역 사랑 제고와 함께 사회 안전망 확충에도 큰 도움이 될 것으로 믿는다.

추진과제로는 ▲도시 재능 플랫폼 구축 ▲도시 재능 및 수강생 등록제 실시 ▲분야별 우수 강사 선별 섭외 등이다.

우선 '도시 재능 플랫폼 구축'을 구체화하기 위해서는 사이트 구축과 유휴 공공 공간 확보가 이뤄져야 한다. 또 공예, 미술, 문학, 음악 작곡 및 실기, 켈리그래피, AI 프롬프터, 유튜브 운영, 블로그 운영, 등 시민의 수요가 있는 교육프로그램 100가지를 선별 교육 프로그램을 짜야 한다.

다양한 분야에서 교육하고 창업하여 지역사회에 활기를 불어넣게 해야한다.

'도시 재능 및 수강생 등록제'는 시민들 중 자신의 재능을 나누고 싶은 전문가들과 전문분야를 학습하고 싶은 수강생들이 따로 등록할 수 있는 통로를 개설하는 것이다. 등록자들과 교육과정이 완료되면 공공기관 내 유휴 공간 등 장소를 제공하고 양질의 교육을 저렴한 수강비로 시행한다.

이때 도시 내 전문가들에게 필요한 수강료는 시에서 절반을 예산 지원한다.

마지막으로 '분야별 우수 강사 선별 섭외'가 가장 중요하다. 특히 문화 콘텐츠 분야는 지역에 고퀄리티의 교육을 전담해 줄 강사진이 없어 대학 입학을 앞둔 청소년들부터 미취업청년 여성들에 이르기까지 주말을 이용, 서울로 가는 경우가 날로 늘어나고 있다.

'창원출신 유명인사 모시기'로 지역의 상징으로 만들어 도시 색깔을 가지는 것도 시도해볼만 하다. 도시재능 플랫폼 운영의 일환으로 작가, 인플루언스(셀럽) 초빙하여 그들을 중심으로 젊은이들의 활동공간을 지원해주고 행정적, 재정적 지원을 하여 사람을 끄는 매력적인 창원 이미지 생성할 필요가 있다.

우리 시의 다양한 교육과 문화 프로그램의 수요를 파악하여 이를 유치해야 할 것이다.

그동안은 다양한 도시 발전의 정책과제에서는 유치와 건설 등의 실적 위주의 목표를 정했으나 요즘의 MZ 젊은 세대는 도시민으로서의 삶, 일상, 삶의 질과 여유 등으로 관심이 옮겨 감으로 정책도 이것을 반영해야한다.

또한 정치, 정책의 기득권자가 권한을 독차지하는 불평등한 구조였고 또 일방적 하향식 집행의 방향이 있었으나 아래에서의 요구가 충분히 반영되는 방향으로 나아가야 하기에 그 어느때보다 소통이 중요하다.

따라서 도시의 숨은 재능과 능력을 발굴하여 실질적이고 지속 가능한 시스템을 만들어 도시 기능과 역량을 최적화할 정책적 과제로 적극 반영해야 할 것이다.

이처럼 지역의 능력자를 발굴하고 양성하여, 그들의 활동을 지원하며, 딱딱하고 재미없는 도시를 시민의 독창성이 가득 찬 곳으로 조성하여 특색있는 도시브랜드를 창출하여 품격있는 도시로 만들어야 한다.

# 3.
## '지방시대' 4가지 특구

● 창원시의
   먹거리 확보

정부의 지방시대 선포로 전국 지자체의 정책 행보가 재편되고 있다. 지방시대와 지방분권시대는 다르다. 기존 정부의 지방분권시대는 중앙에서 지방으로 권력기관 이관이 주요 정책이었다면 지방시대는 지방이 주도하는, 책임 있는 분권 시대를 말한다.

최근 서울 메가시티화로 추진되는 서울-김포 통합 정책이 발표되었다.

지방의 관점에서 보면 이 정책은 국가균형발전과 지방분권의 국가 과제와 상반되는 정책으로 평가할 수 있으며, 수도권 집중, 서울 일극 체제로 국토의 비효율적 활용과 사회문제가 발생된다.

정부는 대통령 직속 지방시대위원회를 출범, 9대 정책과 4가지 특구를 제시했다. 이에 지방시대위원회의 주요 과제인 4가지 특구와 관련하여 창원시가 대응해야 할 전략과 도시발전 방안 마련이 시급한 실정이다.

지방의 4가지 특구는 기회발전 특구, 교육 자유 특구, 도심 융합 특구, 문화 특구 등으로 나뉜다.

창원의 경우를 생각해보자.

'기회발전특구'와 관련한 추진과제로는 명품 K방산 1번지 창원을 만들어 청년들에게 좋은 일자리를 제공하는 정책이다. 지역의 청년들을 지역에서 일하게 하고, 타 지역 청년 인구의 유입요인에 좋은 일자리만큼 현실적이고 실질적인 정책은 없다.

잘 알려진 바와 같이, 창원에는 국내 최고 수준의 방산기업이 포진되어 있어 기회발전의 특구를 잘 연결하면 지역 성장에 큰 도움이 될 것이다.

'교육자유 특구'와 관련된 추진과제는 수소, 방위, 원자력 전문인력 양성과 국립 창원대를 특화시키는 정책이 필요하다. 특히 창원에 의대를 신설하는 정책은 시급한 과제로 대두되고 있다.

현재 경남의 의사 수는 인구 10만명당 174.2명으로 전국 평균인 218.4명에 크게 못 미치는 수준으로 나타났다. 이 수치는 지역민들에게 열악한 의료서비스로 진료와 치료를 위해 서울로 가야 하는 불편을 초래해 왔다. 의과대 정원 역시 76명으로 평균 정원인 126명 대비 많이 부족하다.(경남일보 사설 2023.10.26.)

정부도 최근 의대 정원 확대 방침을 세움에 따라 창원에도 의대를 신설하고 정원을 대폭 확충해야 한다.

'도심융합특구'와 관련한 추진과제는 창원시의 경우 창원국가산단을 대상으로 창의적 대수술 작업을 진행해야 한다. 창원국가산단은 노후화되어, 스마트 공장화 등을 통해 4차산업 전환기에 부응하는 재도약을 준비하고 추진해야 한다.

'문화특구'와 관련한 추진과제로는 진해군항제와 마산국화 축제 등 대규모 축제 아래 웹툰 축제, 창작곡 축제 등 저 예산 소규모 축제 등을 신설하고 확장해 청년들의 적극적인 참여로 인재를 기르는 콘텐츠 생산 기지 신설로 지역문화의 활성화를 도모해야 한다.

  이러한 4가지 특구의 정책이 창원의 특화된 정책으로 실현된다면 인구 감소와 2차 제조산업쇠퇴 등에 따른 창원의 위기를 해소하고 재도약과 새로운 변화를 이끌어낼 수 있을 전망이다.
  이를 위해서는 창원시가 전방위적으로 분주하고 밀도있게 움직여야 한다. 소관 중앙부처는 물론이고 지방시대위원회의 문턱이 닳도록 방문하여 창원의 실정을 설명하고 특구 정책이 창원에 실현되도록 설득하는 활동이 있어야 할 것이다.

## 4.
## 건강한 공동체

### 초고령사회 지원 시스템 선제적 마련

**현황**

65세 이상의 인구가 전체 인구의 20% 이상일 때 우리는 초고령사회(超高齡社會)라 한다.

우리나라도 저출산으로 인한 인구증가율 감소와 그동안 우리 사회 경제활동의 주축이었던 베이비부머 세대가 노년층으로 진입함에 따라 사회가 급속도로 노령화되고 있다.

전국 기초지자체 228개 중 135개 지자체가 초고령사회로 이미 진입했으며 수치로 따지면 59%이다. 거의 60%의 지역이 고령의 노인들이 넘치고 있다.

경남도 역시 이런 추세에서 자유로울 수가 없다. 65세 이상 노인 인구가 20%를 상회해 경남도도 초고령사회로 이미 진입하고 있음을 알 수 있다.

구체적인 수치를 보면, 창원시 전체의 고령화율은 17.65%이며, 각 구에 따른 편차가 심한 편이다. 고령화율이 가장 높은 곳은 마산 합포구로 24.21%,

마산 회원구가 21.59%로 그 뒤를 잇고 있다. 진해구가 16.95%, 창원의 의창구 16.47%, 성산구 11.53%의 수치를 보이고 있다. (통계청인구조사 2023년 10월)

창원 시내를 각 구별로 돌아다녀보면 고령화가 심각해 젊은 청년을 비롯해 학교의 반은 계속 줄어들고 있고 유치원의 아이가 보이지 않는 곳이 많다.

이 뿐만이 아니다. 최근에는 창원시에도 65세 이상의 치매 환자가 2015년 대비 53.5%가 증가하여 현재 창원시 추정 치매 환자 수는 약 1만 5천명으로 65세 이상의 9%에 해당하는 수치를 보이고 있다.

이러한 현실에도 현재 창원시에는 보건복지부가 지정한, 치매 안심 병원이 없고, 시립 노인 주야간 보호센터도 없는 것으로 알려져 있다. 따라서, 앞에서 다룬 의과대 신설과 지역사회 노령인구를 담당할 노인 특화 의원 확충도 필요해 보인다.

이에 따라 고령화와 저출산에 따른 시설의 수요와 공급이 적절하게 균형을 잡지 못하고 있다. 즉 어린아이들의 돌봄과 양육 시설은 수요에 비해 과잉 공급이어서 경쟁이 심한데 비해 치매 환자들 돌봄 시설과 사회적 관심은 그 속도를 따라잡지 못하여 턱없이 모자라는 실정이다. 노인, 치매환자를 위한 시설을 보다 더 확충해야 할 상황이다.

### 대처방향

우선 인구 고령화에 따른 재택 의료 지원시스템 구축이 시급하다.

요양병원 입원 전 단계로 재택 노인들의 건강관리와 일상생활 장애를 파악하여 선제적으로 관리하는 것이 요양병원 입원의 장기화를 줄이고 동거인의 삶의 질도 높일 수 있다.

그러므로 우선 각 마을이나 동마다 독거 노인이나 노인 단독 가구를 중심으로 실태조사를 하여 실제 필요사항과 애로사항을 우선 파악하는 것이 중요하다. 독거 노인이나 노인 단독가구의 경우 시설로 들어가기 전까지 홀로 지내면서 사고가 나도 방치되는 경우가 많다. 특히 노인 단독가구의 경우 노인 부부 중 한 사람이 아프거나 치매일 경우 다른 한 사람이 홀로 돌보고 있는 경우가 많다. 따라서 재택 의료 지원을 통해 그들의 어려움을 덜어주어야 할 것이다.

정책방향으로는 우선 치매서비스의 수요와 실태조사를 통하여, 재원이나 돌봄 인력을 확보하고 초기 관리팀을 운영하는 것으로 시작해야 한다.

민간병원이 보건복지부 치매 안심 병원으로 지정될 수 있도록 지원하고, 치매 전담형 노인 주야간 보호센터 설립 및 시설 전환 예산을 지원해야 한다.

이러한 정책들은 초고령화라는 사회문제를 목전에 두고 있는 시점에서 앞으로 나아가야할 방향을 제시하고 고령화 문제의 가장 핵심인 치매 문제에 선제적으로 대처하여, 앞으로 우리 사회가 어쩔 수 없이 고령화 문제를 떠안고 가는데 보다 안정적이고 효과적인 대책을 마련할 수 있을 것이다.

치매는 노화가 급속히 진행된 고령 후기 노인에 집중된다. 이분들은 일상생활에 필요한 동작과 수행조차 곤란하고, 인지기능 저하에 시달릴 가능성이 높아 각별하게 지역사회가 관심을 기울여야할 연령층이다.

현행 노인복지정책은 고령 전기·중기 노인을 중심으로 전개되는 양상이며, 고령 후기 노인은 정책적 관심에서 소외된 경향이 있다. 초고령사회의 노인복지정책은 전체 노인에 대한 정책 재설계뿐만 아니라 고령 후기 노인을 대상으로 하는 특화된 생애 말기 지원정책에 대한 고민도 함께 할 필요가 있다. 이를 통해 고령후기 노인에 대해 '편안한 인생 마무리' 관점에서 스스로 준비하고 마무리할 수 있도록 지원하고 국가가 지역 사회 그리고 가족의 부담을 완화할 수 있는 방안을 고민해야 한다

# 취 임 사

2021.07.
제63대 대구 지방검찰청
**의성지청장**

반갑습니다.
대구지검 의성지청장으로 부임하게 된 김상민 검사입니다.
먼저, 부장검사로 승진하면서
역사와 전통을 자랑하는 「의성, 군위, 청송」 지역에서
기관장으로 첫 출발하게 된 것을 큰 영광으로 생각합니다.

저는 의성은 처음이지만,
대구, 경북 지역은 검사로 첫발을 내딛는 시점부터 인연이 많습니다.
대구에서 초임 생활을 시작하였고,
인근 포항지청에서 검사로 근무하기도 하였습니다.
처음 근무를 시작할 때는
이 지역 분들의 다소 무뚝뚝하고 무심한 말투에 당황하기도 하였지만,
대부분의 사람들이 보면 볼수록 매력에 빠지는 볼매, 츤데레 분들이었습니다.

근무를 하면서 인연을 맺은 많은 분들과
10여년이 넘는 지금까지도
종종 연락을 하면서 좋은 관계를 유지하고 있습니다.

오늘 이 자리에는 저보다 공직생활 기간도 길고,
경험도 풍부하신 분들도 계시지만,
지청장으로서 저의 생각과 포부, 당부 말씀을 드리는 것이
의성지청과 의성에 계신 많은 분들에게 도리인 것 같아
몇 가지 이야기를 준비해 보았습니다.

먼저, 지역의 실정에 맞는 검찰권 행사입니다.
의성은 농촌 지역이고, 지역의 어르신들이 많은 곳입니다.
어린 시절 방학이 되면 찾아가던 고향이고,
할아버지, 할머니가 계신 곳입니다.
자식들의 성공과 행복을 위해서 젊은 날을 보내시고,
지금도 자녀들의 건강과 안전만 기원하는 분들이 많습니다.
이러한 지역에서 검찰권의 행사는
특히 신중하고 절제되어 있어야 할 것입니다.
분쟁의 종국적 해결을 위해서 어떤 결론이 더욱 바람직한지
한 번 더 고민해 보아야 할 것입니다.
겸손한 검찰, 성찰하는 검찰이 되어야 할 것입니다.

다음으로 부탁드리고 싶은 것은
의성지청 공무원 여러분들은 스스로 자존감을 가지고,
누가 보지 않더라도 공직자로서 최선을 다하는
신독(愼獨)의 자세를 가졌으면 합니다.
신독이란, 자기 홀로 있을 때에도 도리에 어그러지는 일을 하지 않고
삼가는 것을 의미합니다.
우리는 모두 성인이고, 그 자체로 발광하는
하나의 빛과 같은 사람들입니다.
누구에게 잘 보이기 위해, 또는 누구한테 들키지만 않은 선에서
공무를 처리하거나 사적인 일에 얽매여서는 안 될 것입니다.
스스로 돌이켜보아 부끄럽지 않게 자기 일을 처리하고,
스스로 떳떳해야 할 것입니다.

지휘관으로서 개인적인 복무방침을 말씀드리겠습니다.
저는 물과 같은 사람입니다.
물은 낮은 곳을 흐르면서 나무의 생장을 돕고,
불의 열기를 식히기도 합니다.
어려움에 빠진 사람을 돕는 것을 좋아하고,
같이 어울려 지내면서 인연을 만들고 추억을 쌓는 것도
소중하게 생각합니다.
그래서 저는 '여러분들이 저를 가까이하고

칭찬하는 사람'이 되고 싶어 할 것입니다.
그런데, 노자의 도덕경에서는
가장 훌륭한 지도자로 '사람들이 가까이하고
칭찬하는 사람'을 꼽지는 않습니다.
사람들에게 그 존재 정도만 알려진 지도자!
있는 듯 없는 듯, 있지만 생활하는데 아무런 불편함이 없는 사람을
가장 훌륭하다고 합니다.
사람들이 가까이하고 칭찬하는 사람은 의외로 그다음입니다.
저의 성향상 힘들 수 있겠지만,
가급적 도덕경이 제일로 뽑는 지도자가 될 수 있도록 노력하겠습니다.

전나무 이야기를 하면서 마무리할까 합니다.
오대산 월정사에 있는 전나무숲 가 보셨나요?
수많은 전나무들이 모여서 장관을 이루는 곳입니다.
전나무는 다른 나무들처럼 휘거나 굽은 구석이 없이 몸통이 곧고 바릅니다.
주변 환경이 어떻든 절대 굽어 자라지 않고
하나의 줄기로 위로만 뻗습니다.
이렇게 곧게 위로만 자라니까 어떨까요?
주변에 버텨줄 것이 없이 위로만 자라니 바람이 조금만 불어도
휘청휘청 갈피를 못 잡고 옆으로 쓰러지게 됩니다.
결국, 전나무는 혼자서는 제대로 자랄 수 없습니다.

그래서 전나무들이 선택한 전략이 바로 함께하기입니다.
남을 앞지르거나 혼자 하려 하지 않고, 손잡고 함께 사는 것입니다.
저는 예전부터 검찰 조직이 전나무숲과 같다고 생각했습니다.
검찰 조직은 어떠한 순간에서도 곧은 선택을 하여야 하는 곳이고,
곧은 선택은 외로울 수 있습니다.
그렇기 때문에 곧은 삶일수록 더불어 남과 함께
걸어가는 지혜가 필요합니다.
여러분들과 함께하는 기간 동안, 전나무의 지혜를 가지고
함께 고민하고, 함께 전진하겠습니다.
청에 출근하는 것이 즐겁고 행복할 수 있도록 노력하겠습니다.
경청해 주셔서 감사합니다.

# 연보

| | |
|---|---|
| 1978. | 출생 |
| 1985. | 마산 합포초 입학 |
| 1991. | 월영초 졸업, 마산중 입학 |
| 1994. | 창원 경상고 입학 |
| 1997. | 서울대 법대 입학 |
| 2003. | 제45회 사법시험 합격 |
| 2004. | 사법연수원 (35기) |
| 2006. | 창원지검 공익법무관(2년) |
| 2008. | 결혼(창원에서, 창원 출신 피앙세를 만나다) |
| 2009. | 신임 검사(대구지방검찰청) 임용, 아들 출생 |
| 2010. | 아버지 별세 |
| 2011. | 딸 출생 |
| 2012. | 문화체육관광부장관 표창(사이비기자단속), 제68회 모범검사 선정 |
| 2013. | 미국 캘리포니아 데이비스 국외훈련(U. C. Davis Law School LL.M. 졸업) |
| | – 미국 뉴욕주 변호사시험 합격 |
| 2015. | 법무부 검찰국 형사법제과(국회를 처음 만나다) |
| 2018. | 서울중앙지방검찰청 검사 |
| 2020. | 대검찰청 해외불법재산환수 합동조사단 1팀장 |
| 2021. | 대구지검 의성지청장 |
| 2022. | 근정포장(검찰업무유공), 대검찰청 공판2과장 |
| 2023. | 서울중앙지방검찰청 형사 9부장검사 |

김상민 자서전
## 그래 다시! 김상민

**초판1쇄 발행** 2024년 01월 01일

| | |
|---|---|
| **지은이** | 김상민 |
| **펴낸이** | 이지순 |

**편집**  성윤석     **디자인**  디자인무영
**제작**  뜻있는도서출판
         경남 창원시 성산구 중앙대로 228번길 6 센트럴빌딩 3층
         전화 055-282-1457
         팩스 055-283-1457
         이메일 ez9305@hanmail.net

**펴낸곳**  효산출판사
          (효산출판사는 뜻있는도서출판의 교양 브랜드입니다)

**ISBN**   979-11-973193-2-7   03590

※ 이 책의 저작권은 효산출판사에 있습니다.
※ 효산출판사의 허락없이는 이 책 내용의 일부 또는 전재를 허락하지 않습니다.